だいわ文庫

死にカタログ

寄藤文平

大和書房

はじめに

INTRODUCTION

自分の両親は、もしかして宇宙人かもしれない。
小学校時代、本気で疑っていた時期があります。
見ているときは人間の姿ですが、目を離すと宇宙人に戻るのです。
急にふりかえって、父と母が宇宙人のまま、こっちを見ていたらどうしよう。
考えると怖くて、両親のほうを見るときは、「ねえ」とひと声かけていたものです。

「おまえ、頭おかしいぞ。」

いちばんの親友にさえ、白い目で見られる始末です。
試しに、声をかけずにできるかぎりのスピードで、ぱっとふりかえってみました。
もちろん人間でした。いきなりドアを開けてみました。やっぱり人間でした。
でも納得がいかないのです。宇宙人は素早いのかもしれないし、
人の考えを読めるのかもしれない。疑惑は深まるばかりでした。
死について考えるとき、なんだかあのときの気持ちを思い出します。

もしかして宇宙人かも・・・。
Father
Mother
見てないときは宇宙人。
ネエ。
一応、ひと声かける。
クルッ
サッ
パッ
見ると人間にもどる。

人が死ぬところを見たことがありません。両親は健在で、
人の死体はおじいちゃんとおばあちゃんのを、見たことがあるだけです。
今も昔もおおむね健康で、事故や病気で入院したこともないのです。

「僕は、死がわからない。」

知人の葬式や、冷たいハムスターの感触とか、「死」に僕なりの思い入れはあります。
でも、それを友達と「だよねー」と話したりはしたくないという気持ちもあるのです。
その気持ちを整理できないうちに、大人になってしまいました。
だから、今も、死は、ぼんやりしたままです。

死って何だろう。それを考えようとすると、
親が宇宙人かもしれないと思っていた、あのころに戻ってしまう感じがします。
素早くふりむいたり、いきなりドアを開けてみたり、ＵＦＯを探したり。
この本は、そんな僕が死を少しでもわかりたいと思ってつくった本です。
でも、ここに並べた絵や言葉が、誰かが死を考える
きっかけになってくれたら、とても嬉しく思います。

ジッ

ガッ
キッ
スッ
この子…。
何なんだ。
ソッ
バッ
あ、
あの…。
イヤ、
聞けない！

目次
CONTENTS

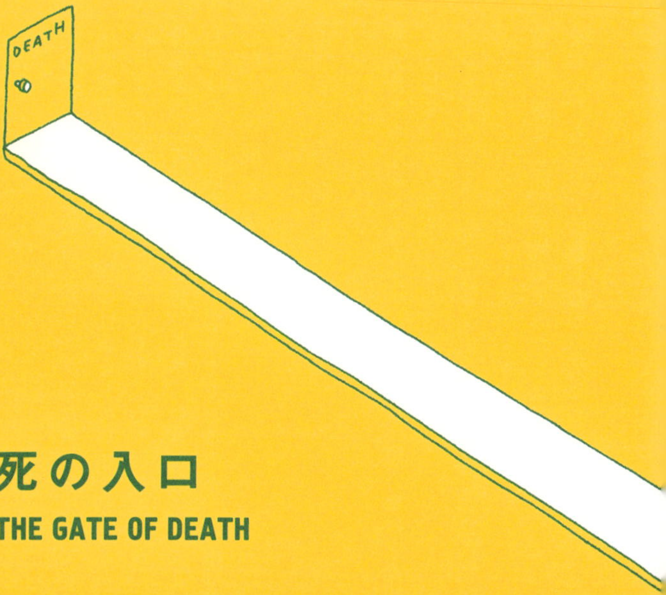

死の入口

THE GATE OF DEATH

「やめときな。」

死の本をつくると報告したら、深刻な声がかえってきました。
母は保健婦で、老人介護の仕事をしています。たぶん、僕のまわりでは、いちばん人の死を見てきた人です。そういう母なら、
理解を示してくれるかと思いきや、いきなり入口で止められたのでした。
おまけに、頭は大丈夫か、悩みでもあるのか、仕事は順調なのかと、
心配そうに聞いてくるのです。

「死って、そんなにヤバいの？」

友人たちも、「そうなんだー……。」と、意外なほど冷やか。
どうして、みんなそうなんだろうか。
テレビでだって、「死を考えるのは大切なことです。」って、
よく言っているではありませんか。
僕は、逆に「死」に挑んでみたくなりました。
そして、ちょっと興奮しながら死について考えはじめたのでした。

[入口]
いって
きまーす。

よし!
やるぞ!!
ガッツ!!
むしろ
ヤル気。

STAR
星の死
95%の生物絶滅
EXTINCT
死＝資源
GAS OIL
0.07%
LIFE
DEATH
現代は死で動いている
99.9% DEATH
99.9% DEATH
死は生のリンカク
死を着ている

1 DAY

BLACK HOLE
DEATH
DEATH
DEATH
DEATH
HAND
HAND
HAND
指が生える
＝
指の間が死ぬ
BIG
DEATH
3日で別人。
骨はカルシウム
DNA
ZOOM
ZOOM
CELL
細胞は常に死んでいる。
DEATH
死が進化
すべて脳の妄想
APOPTOSIS
LIFE

B-29
霊になる
本は
身近に
った
OH, MY GOD
死という
言葉が
あるだけだ
ROBOT
ロボットは死ぬるのか。
あなた。
死ぬわよ!!
この人は
生きてる
美しい
死。

2 DAY

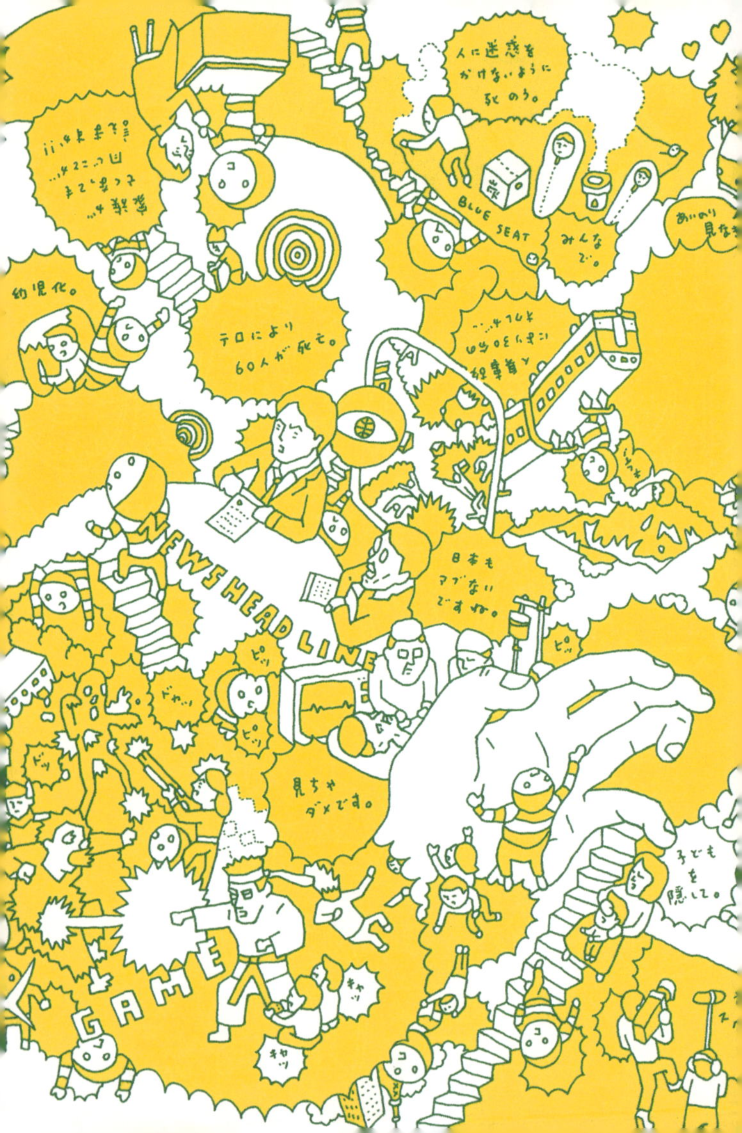

人に迷惑をかけないように死のう。
BLUE SEAT
みんなで。
あいのり見な
家族がなくなっても同じことが…言えますか!!
幼児化。
テロにより60人が死亡。
人身事故により30分のオクレが…
NEWS HEAD LINE
日本もアブないですね。
ピッ
ドャッ
ピッ
ドッ
ピッ
見ちゃダメです。
子どもを隠して。
GAME
キャッ
キャッ

3 DAY

もう！
死んじゃえ！
エイッ
見なきゃ
わからん
2死満塁
のピンチ!!
ダァ
子どもが
できれば
わかるわよ。
AVIAN
INFLUENZA
鳥2万羽を
処理。
動物
カワイイ。
グボッ
考えても
ムダです。
EXIT

言わんこっちゃナイ。
ハァ
ヤッパリ。

[出口]
カチャ
ヨロヨロ
オエッ。

1週間もしないうちに、なんだか元気がなくなってきました。
テレビのお笑い番組が、無意味に感じて笑えなくなり、大好きだった「ダイ・ハード」でさえ、人が撃たれるたび、死について考えてしまう。
仕事をしていても、「この仕事、意味あるのだろうか。」なんて考えている。

「ひょっとして、ノイローゼ？」

今までにも何度か、死について考えてみたことはありました。
そういえば、そのたびに死の世界にノックアウトされていたのでした。
死は、いろいろな出来事や考え方の、巨大な交差点のようになっているようです。
あらゆることが死につながっているように見えて、さっぱりまとまらないのです。

「もっと手前からはじめよう。」

死をマイペースで考えるために、まずは死を整理してみる。
死のいろんなデータを、客観的に並べてみることにしました。

THIS WORLD

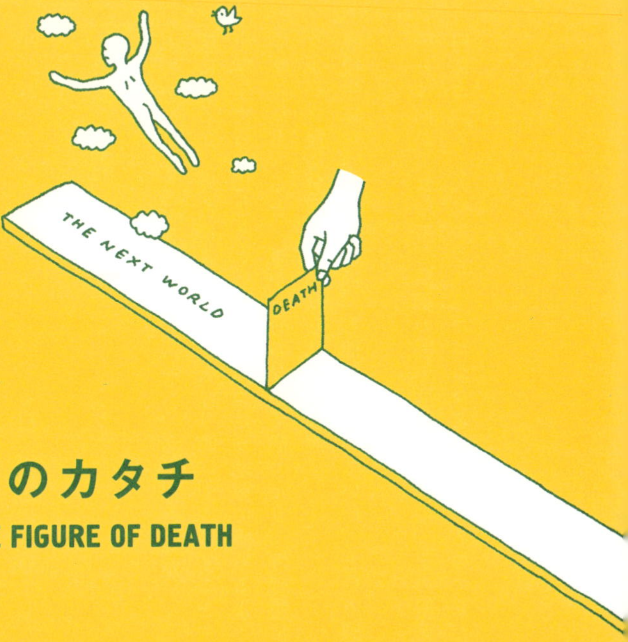

死のカタチ

THE FIGURE OF DEATH

死にまつわる、いちばん古い思い出は、幼稚園のころです。
まあまあ仲良しだったヒロタケ君が急に顔を見せなくなって、
半年経ってもやってきません。ある日、先生は言いました。

「ヒロタケ君は、遠いところに行きました。」

小さかったころ、「死」とはたいてい、遠くに行くか、
星になるか、場合によっては、となり町に引っ越すことでした。
小学生ぐらいになると、天国に昇ったり地獄に堕ちるようになって、
中学生にもなると、誰かの心のなかに宿ったり、地縛霊になったり、
タンパク質に分解されたりしはじめます。
高校生になったころには、もはや何だっていい、という感じでした。

死とは何か。なんて、言葉の響きは重たいのに、その答えは、
日によって、人によって、コロコロと軽く変わるのでした。

と、遠くへ
行ったのよ。
先生。
ヒロタケ君は？
ようちえ

人に言えない悪いことをしたときとか、
ひとりでエロいことをしているときなど、

「もしかして、じいちゃん見てたらどうしよう。」

なんて、変な視線を感じてドキドキしたりします。
死んだら「霊になる」。それはなんとなく信じている気がします。
本気か、と聞かれたら本気でない気もするけど、やっぱり無視はできない。
そういう人って、意外に多いのではないでしょうか。日本は無宗教の国だと
言われますが、そういう感じ方は、みんなに共通しているような気もします。

ところで、世界を見渡すと、
人間は死んだら必ずしも「霊になる」ばかりではないらしい。
記憶ごと消してしまう民族もいるし、別の生きものになる国もある。
国や宗教、時代によって、死の考え方にはいろんなカタチがあるのです。
ここでは、そんな「死のカタチ」を僕なりに絵にしてみました。

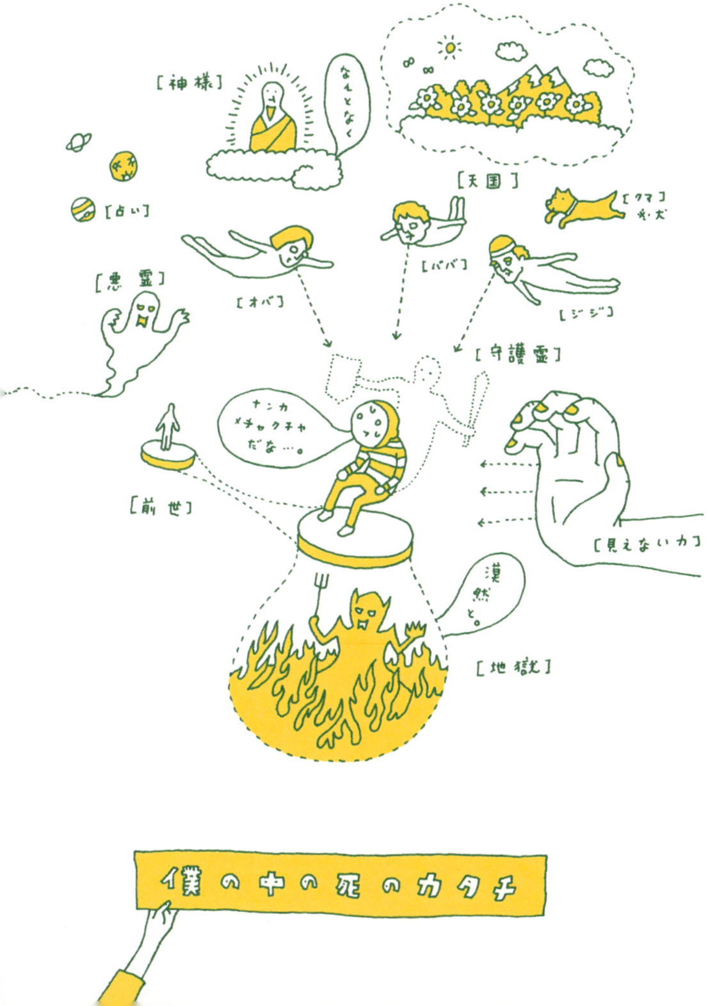
[神様]
なんとなく
[天国]
[クマ]
愛・犬
[占い]
[オバ]
[ババ]
[ジジ]
[悪霊]
[守護霊]
ナンカ
メチャクチャ
だな…。
[前世]
[見えない力]
漠然と。
[地獄]
僕の中の死のカタチ

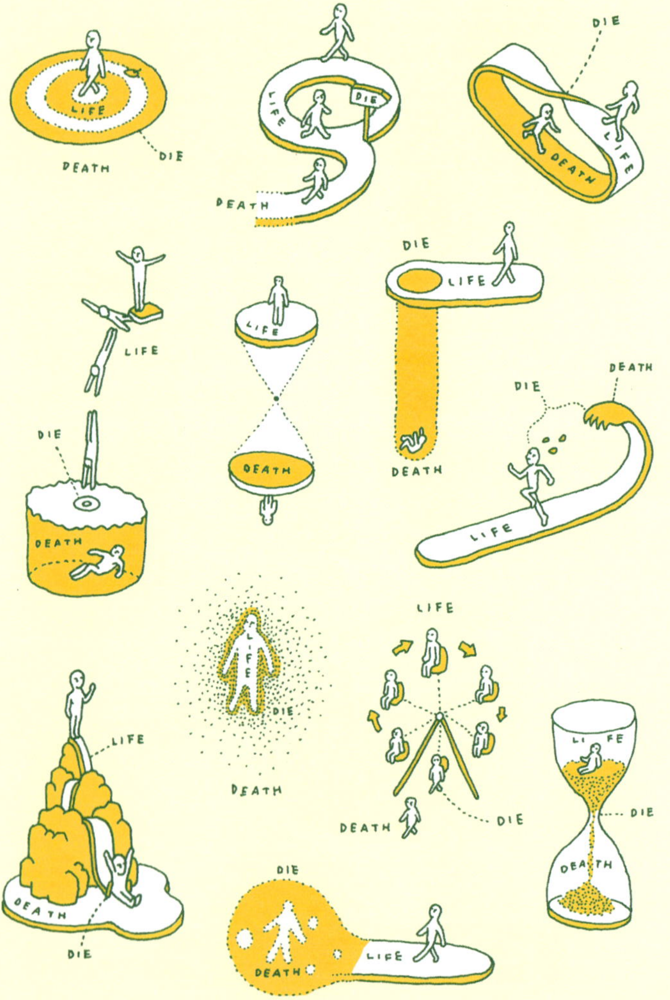
LIFE
DIE
DEATH
LIFE
DIE
DEATH
DIE
DEATH
LIFE
LIFE
DIE
DEATH
LIFE
DEATH
DIE
LIFE
DEATH
DEATH
DIE
LIFE
LIFE
DIE
DEATH
LIFE
DIE
DEATH
LIFE
DEATH
DIE
LIFE
DIE
DEATH
DIE
LIFE
DEATH

死のカタチいろいろ

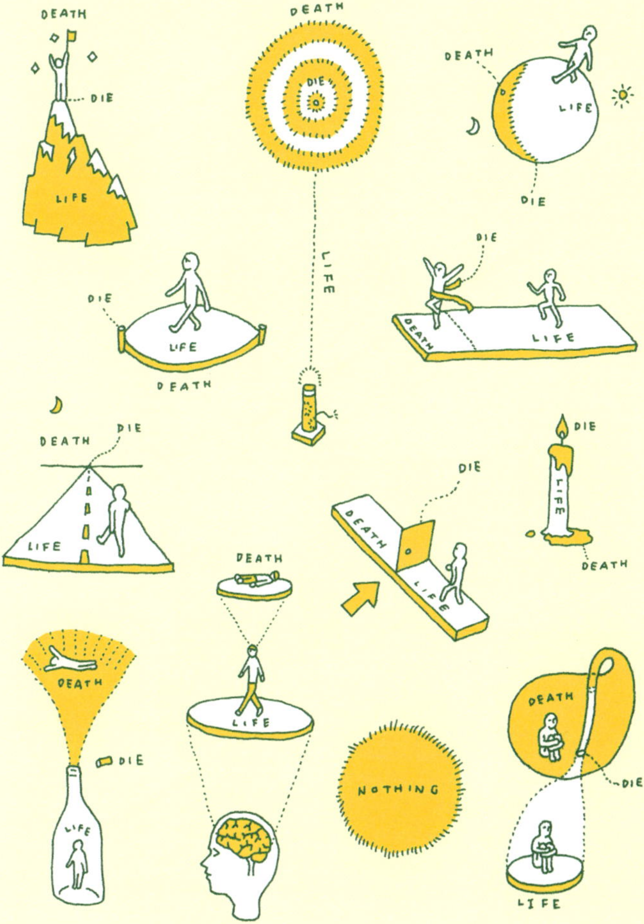
DEATH
DIE
LIFE
DEATH
DIE
LIFE
DEATH
LIFE
DIE
DIE
LIFE
DEATH
DIE
DEATH
LIFE
DEATH
DIE
LIFE
DIE
DEATH
LIFE
DIE
LIFE
DEATH
DEATH
DEATH
LIFE
DEATH
DIE
LIFE
LIFE
NOTHING
DEATH
DIE
LIFE

時間
TIME

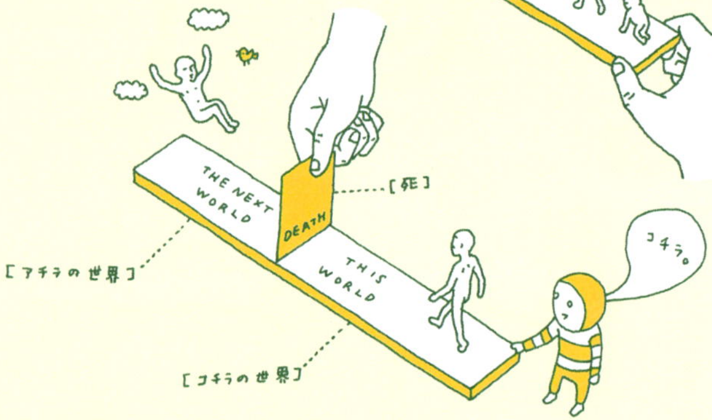
THE NEXT WORLD
DEATH
[死]
THIS WORLD
[アチラの世界]
[コチラの世界]
コチラ。

THE NEXT WORLD
DEATH
THIS WORLD
[葬送]
実際には
この前に死者を
おくる儀式が
あります。
今回はこの儀式については
あまりふれません。

死のカタチのキホン

世の中にある「死のカタチ」をまとめてみると、
生きている世界の「コチラ」のほかに、
死んだ後の「アチラ」の世界があるというカタチが
多いことがわかりました。
その2つの世界を、「死」という境目が区切っている。
いろいろなカタチで死を考えることができますが、
これを、キホンのカタチとしてみました。

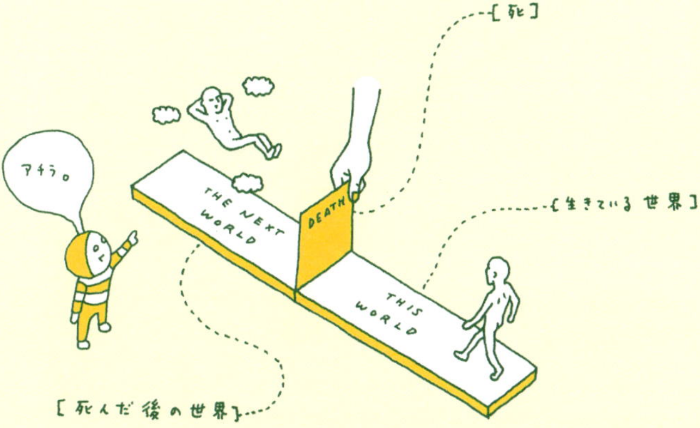

➡霊になる・魂がぬける

[全世界]

「霊」の感覚はネアンデルタール人やクロマニョン人のいた
原始時代からあったようです。
彼らも死者の霊を弔って、きちんと埋葬しているのです。
「霊」とセットで「魂」という考え方もあります。
人間のカラダには「魂」が入っていて、
死ぬとそれがカラダからぬけて、実体を持たない「霊」になる。
世界的にも広く信じられている、死のカタチの王様です。

村上重良『世界の宗教』

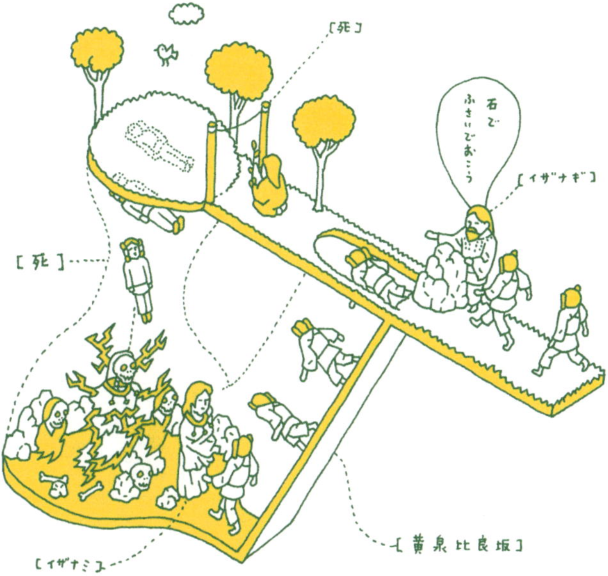

地底世界に行く

[古代日本・五行思想]

昔の日本では、死んだ人は「黄泉《よみ》」という地底世界に行くことになっていました。「黄泉」は、島根県にある「黄泉比良坂《よもつひらさか》」という坂道で、現世とつながっていたようです。
今の人は、死んだ人を思うとき、空を見上げたりしますが、昔の人は地面を見つめ、手を合わせたのかもしれません。
ちなみに「よみがえる」という言葉は「黄泉から帰る」が語源とか。

「黄泉」の漢字は中国生まれ。「黄」は五行思想で「土」を表すので、地下世界をそう呼んだ。
この言葉が伝来する前の日本では、「ヨミ」は地下ではなかったという説もあります。(坂本勝『古事記の読み方』)

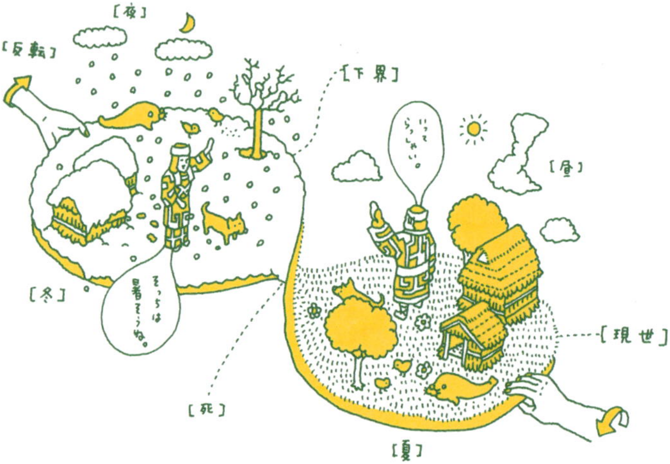

➡ パラレルワールドへ行く

[日本・アイヌ民族]

北海道の先住民族であるアイヌは、
死んでも現世とそう変わらない「下界」で、
ふつうに暮らすと考えていました。「下界」の時間は現世とはサカサマ。
こちらが昼なら向こうは夜、こちらが夏なら向こうは冬なのです。
だから、夏に死んだ人は冬支度、冬に死んだ人は夏支度で埋葬します。
「下界」では、時間も6倍ゆっくり進むとか。

藤村久和「アイヌ、神々と生きる人々」

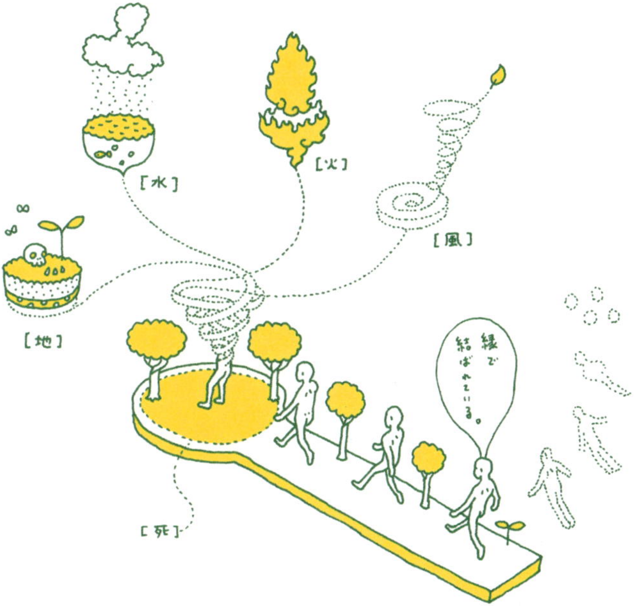

➡ほどける（四大分離）

[仏教]

仏教の世界には、生きているカラダはもともと、
「地＝骨や爪」、「水＝血液・リンパ液」、
「火＝体温」、「風＝手足・心臓の動き」の
４つの要素が「縁」で結びついたものだという考えがあります。
「縁」がほどけて、４つがバラバラになってしまうことが、死ぬことなのです。
向こう側に行くというよりも、本来の姿に戻るという感じでしょうか。

玄侑宗久・鈴木秀子『仏教・キリスト教 死に方・生き方』

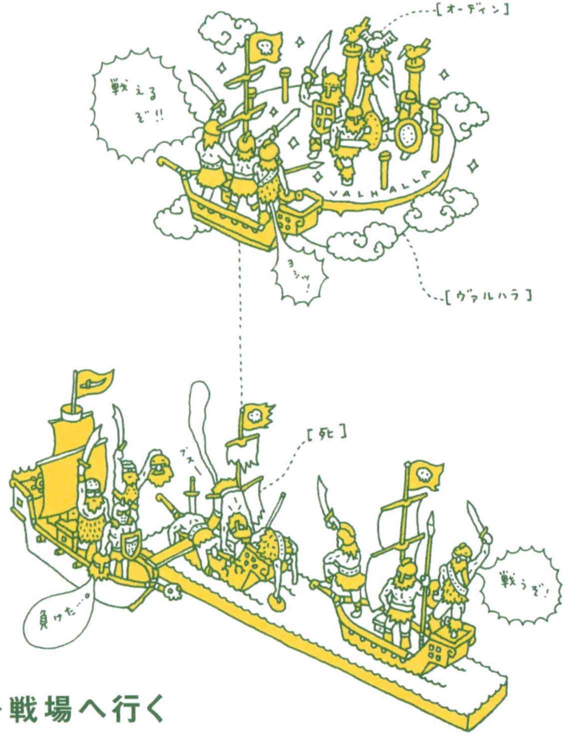

➡戦場へ行く

[古代北欧・バイキング]

古代北欧の戦士バイキングたちにとって、戦いこそが人間の価値でした。
だから、死んでも戦場に行って戦い続けるものだと考えていたようです。
戦場は「ヴァルハラ」と呼ばれ、戦士の天国として日本でもけっこう有名。
オーディンという神様が支配する天上の宮殿で、
昼間は戦いを楽しみ、夜は宴で酒を酌み交わすのだとか。
文科系の人には地獄かも。

アクセル・オルリック『北欧神話の世界』

➡近所の島に行く

[パプアニューギニア・トロブリアンド諸島]

この地域のキリウィナ島の民族は、
死ぬと近所にある実在の島に行くと考えていたようです。
そこでふつうに結婚したり仕事をしたりして、
年老いると海で脱皮。胎児に戻ってヤシの葉に包まれて運ばれたあと、
もとの島で新しい命として生まれるのです。ほのぼのとした死のカタチ。
でも、昆虫とか爬虫類以外は、脱皮したらよくないと思う。

マリノウスキー『バロマ トロブリアンド諸島の呪術と死霊信仰』、棚瀬襄爾『他界観念の原始形態』

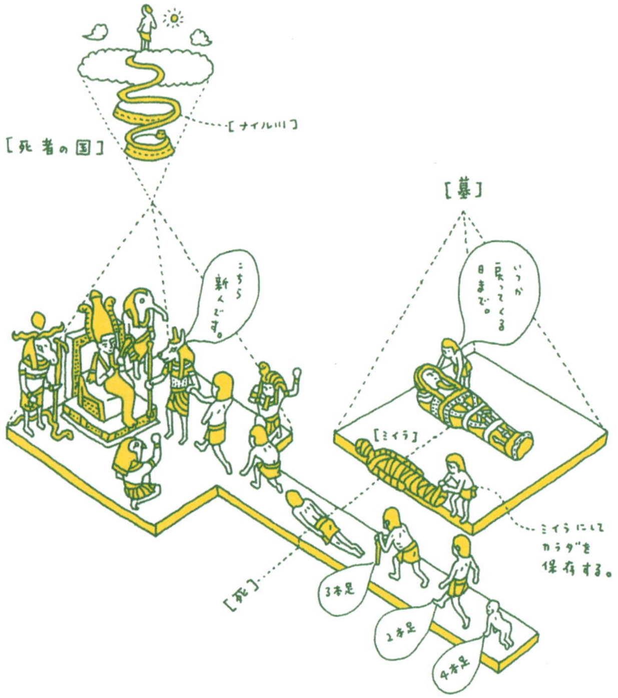

➡死者の国で待つ

[古代エジプト]

古代エジプトでも「魂」があると考えられていたようです。
死ぬと魂は「死者の国」へ行くと考えていました。
魂は永遠不滅とされていたので、そこで再生の日を待つのです。
再生の日まで肉体を保存するために、死体はミイラにされました。
残念ながら、ミイラに魂が戻ってきた例は
まだ報告されていないようです。

村上重良「世界の宗教」

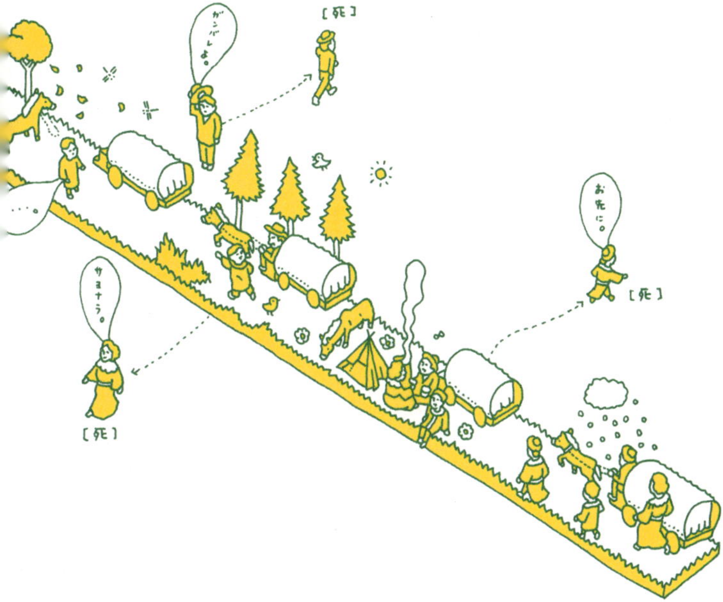

➡いなかったことになる

[ジプシー]

ジプシーはさまざまな旅をする人たちの総称です。
昔のジプシーの中には、死ぬとその存在をそもそも
「なかったこと」にする人達もいました。
死んだ人の名前や思い出を口にしないのはもちろん、遺品も残しません。
言ってみれば、誰も死なない。生きている人しかいないのです。
旅のなかで生まれた、とてもめずらしくて厳しい死のカタチ。

ミシェル・ヴォヴェル『死の歴史』

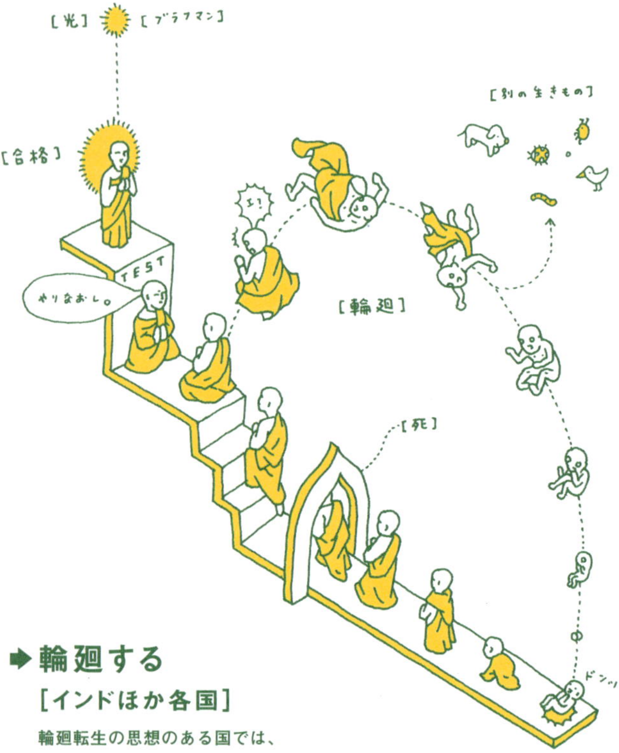

➡輪廻する

[インドほか各国]

輪廻転生の思想のある国では、
死ぬと、テストのようなものを受けるとされています。
合格すれば最後のステージに進めますが、失敗すると、
別の生きものに生まれ変わって、
生の苦しみをくり返さねばならないのです。
日本で「輪廻転生」はロマンティックなものだと、とらえられがちですが、
実際には、受験に失敗した浪人生のような、
ちょっとつらい死のカタチなのです。

村上重良『世界の宗教』

➡鳥にのって天国に行く

[チベット密教]

鳥に遺体をついばませる
鳥葬をする地域では、死んだ人は
鳥によって天に導かれます。
チベットでは輪廻転生が信じられていて、
魂のぬけた肉体は自然に還すという
合理的な意味もあります。

川喜田二郎『鳥葬の国』

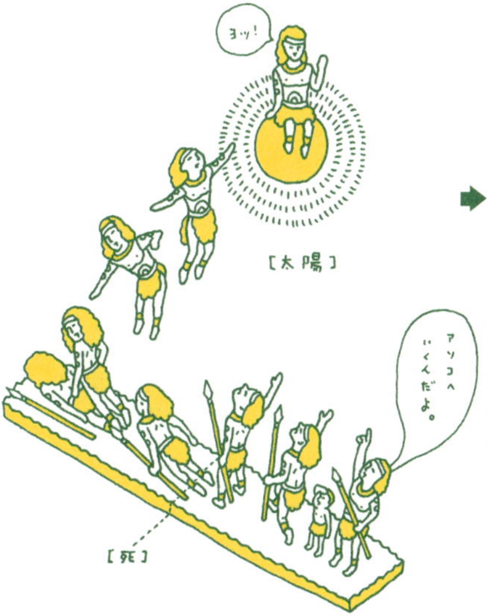

➡太陽に行く

[オセアニア]

オーストラリアに住んでいた
原住民のなかには、
太陽こそ死んだ人の
住むところだという
部族もいました。

棚瀬襄爾『他界観念の原始形態』

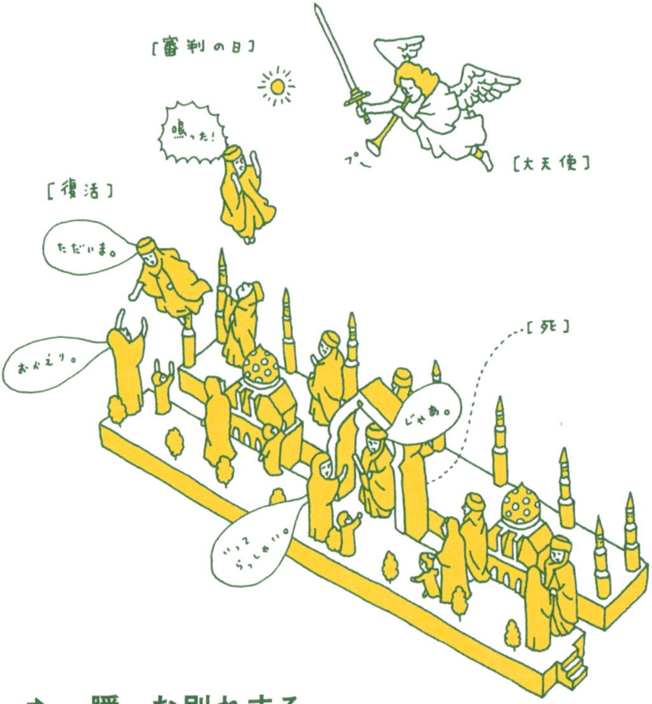

➡一瞬、お別れする

[イスラム教]

イスラム教の死は終わりではなく、親しい人との一時の別れという感じ。
いつか来る「審判の日」に大天使ガブリエルがラッパを吹き鳴らすと、
死んだ人はみんな蘇ると、かたく信じられています。
復活後、神アラーの審判があり、
アラーを信じて善行を積んだ人は安らぎを得られますが、
信仰が足りなかった人は永遠の苦しみを与えられるとか。

松濤弘道『世界の葬式』、村上重良『世界の宗教』

➡死神に魂を吸いとられる

[各地宗教]

死んでどこかに行くのではなく、
死神に魂を奪われてしまう死のカタチ。
魂を奪う神は、いろんな宗教にいます。
古代日本のイザナミ、古代エジプトのアヌビス、ギリシャのタナトスなど。
よく見かけるガイコツ頭に黒装束、鎌を持った死神は西洋生まれ。

ヴォヴェル『死の歴史』

➡コオロギになる

[フィリピン・スーロッド族]

遺族たちが死の儀式に
失敗したとき、
死者が罰として
コオロギにされる場合も。

棚瀬襄爾『他界観念の原始形態』

➡チョウになる

[アイルランド民間信仰]

肉体から魂が離れると、
魂はチョウになると
考えられていました。

ヴォヴェル『死の歴史』

➡ハエになる

[フランス・ブルターニュ民間信仰]

魂が、ハエのような
身近な生きものになると
信じた人々もいました。

ヴォヴェル『死の歴史』

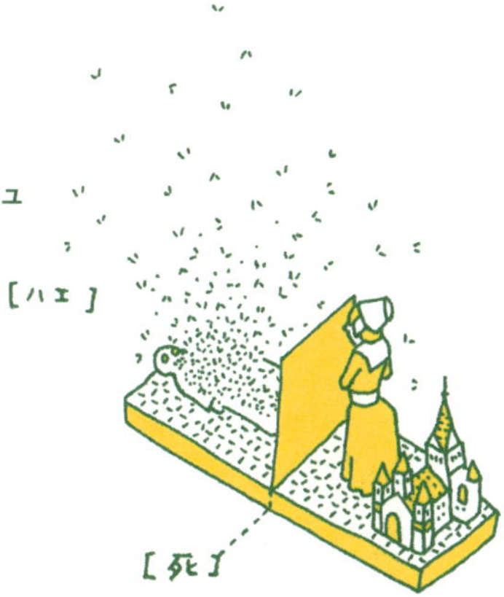

➡鳥になる

[スラブ民間信仰]

魂は、鳥になって
天国にのぼっていくと
信じた地域もありました。

ヴォヴェル『死の歴史』

➡変わらない

[フィリピン・マノボー族]

マノボー族の考えでは、死んでも、
いつもと同じ日常が続きます。
「イブー」という死の国は、現世の延長。
しかし、現生のわずらわしさはありません。
先に死んだ人と再会し、ふつうに結婚したり、仕事をしたりして、
平和に暮らし続けるのです。
天国も地獄もない、おだやかな死のカタチ。

棚瀬襄爾「他界観念の原始形態」

➡地獄に堕ちる［日本］

嘘つきは地獄に堕ちて、針の山や血の池で苦しむ。子どもを叱るときによく使われます。地獄は地底8階建て。フロアごとにサービスが違うとか。最下層は「無間《むけん》地獄」。牛や馬の頭を持つ怖い管理人に、永遠にいじめられることになっています。今も現役の死のカタチ。

源信『往生要集』、草野巧『地獄』

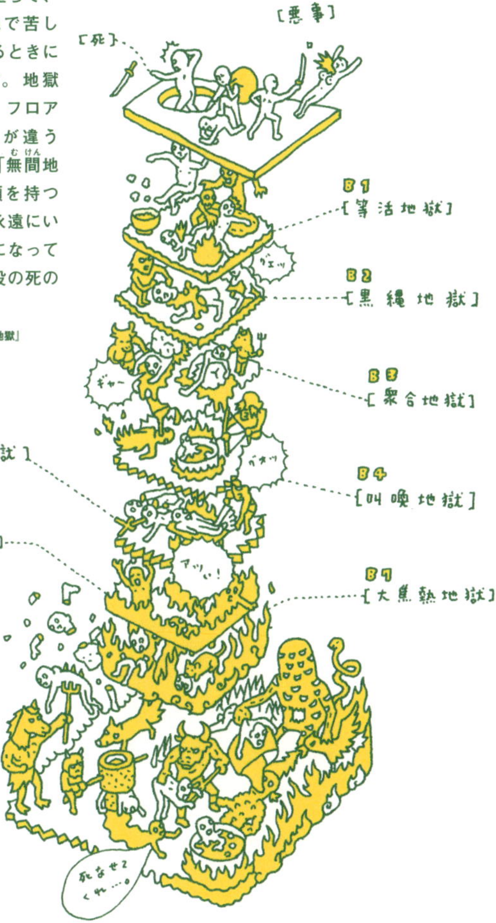

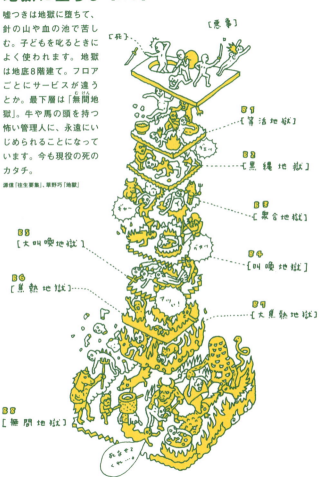

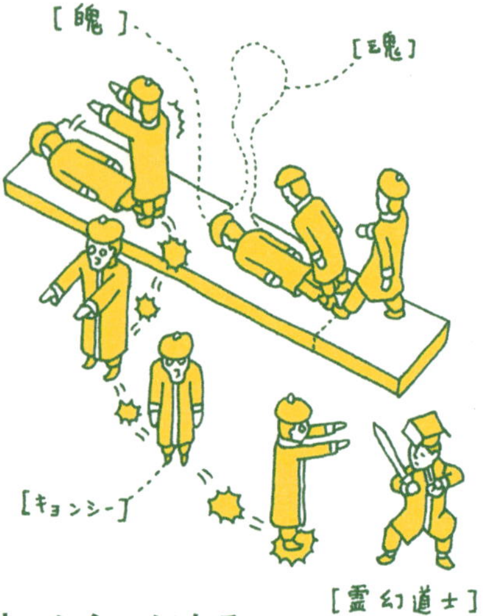

➡キョンシーになる

[中国道教]

ひと昔前にブームだった『キョンシー』は道教生まれ。
「精神の霊＝魂」が去って「肉体の霊＝魄」のみが残るとキョンシーになるとか。

香港映画『霊幻道士』(1985) などに登場。

➡悪霊になる

[ヒンズー教・仏教など]

恨みや不十分な葬送などで死後の世界にうまく入れないと、
有害な霊になってしまうという考え方もあります。

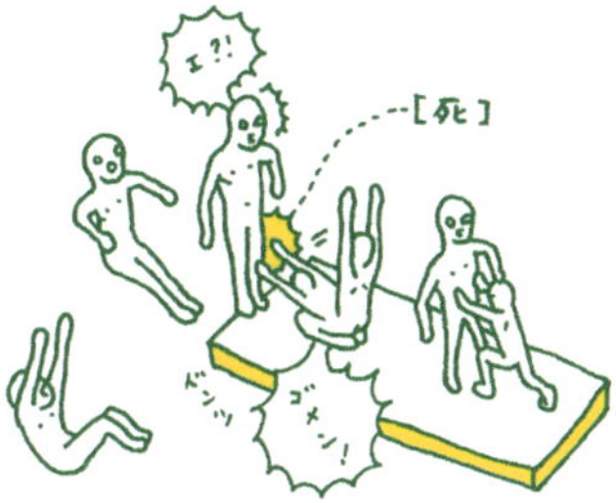

➡生けにえになる

[古代各地]

大昔、大雨などの天災や工事の失敗が
神様の怒りだと考えられていたころは、
人の死がその怒りを鎮めるとされました。

[食物連鎖]

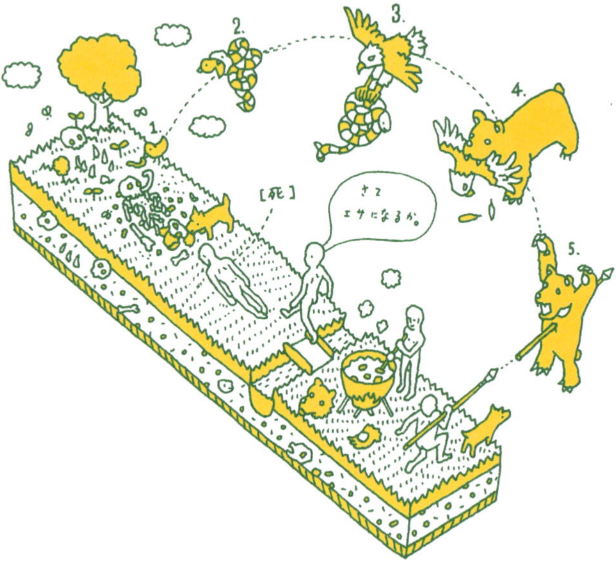

➡栄養になる

[自然科学]

人も自然を形づくっているもののひとつ。
死んだ肉体は、動物のお腹を満たしたり、
土に還って植物を育てたり、別の生物の栄養として使われたりしながら、
食物連鎖のなかで循環する。
地球スケールで考えてみると、これがもっともベーシックな死のカタチ。
どことなく、仏教の輪廻転生に似ています。

村上重良『世界の宗教』

➡肥料になる

[スウェーデン]

遺体をフリーズドライで
粉末状にし、
堆肥《たいひ》にするエコな埋葬。
スウェーデンなどで
専門施設が建設予定。

「promessa」HP
(2016年4月)

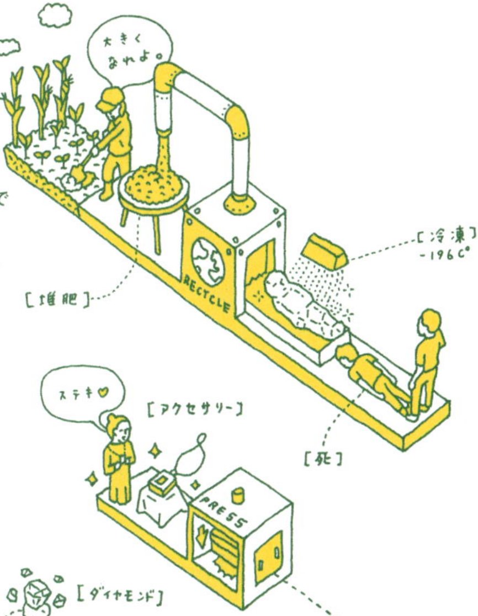

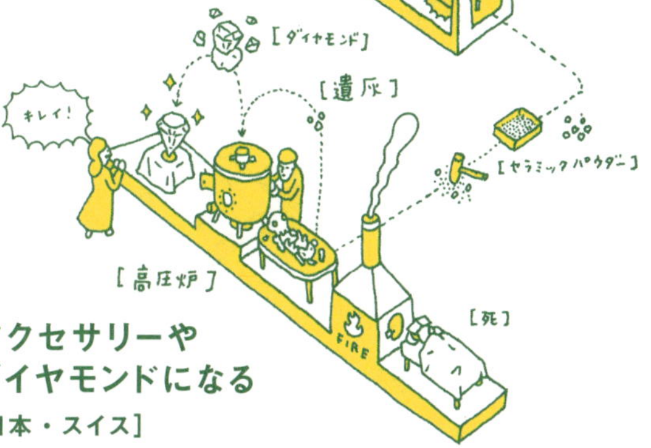

➡アクセサリーや ダイヤモンドになる

[日本・スイス]

日本では遺骨入りセラミックプレートで、
ペンダントもつくれます。スイスでは遺灰を炭素化して、
人工ダイヤモンドにする会社があります。
アルゴダンザ社では0.5ctで92万円〜。

「エターナルジャパン」HP(アクセサリー)、「アルゴダンザ」HP(ダイヤモンド)、(2016年4月)

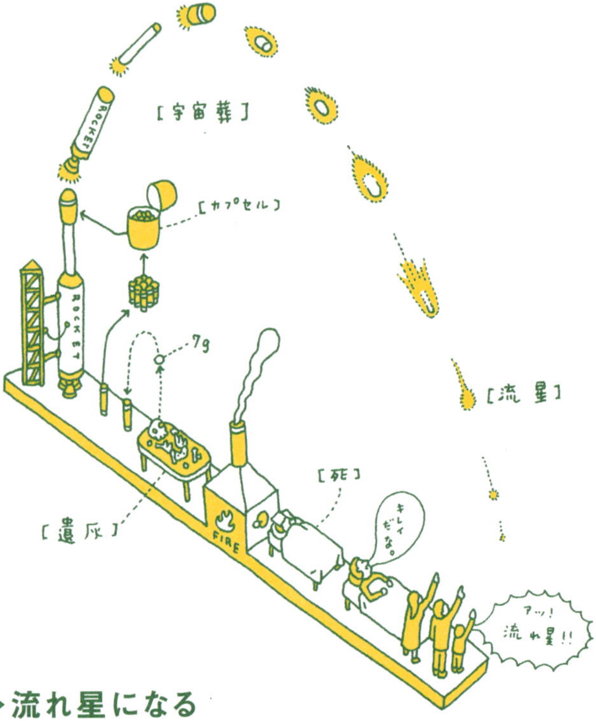

➡流れ星になる

[アメリカ・宇宙葬]

マンガなどで主人公が死んで流れ星になったりしますが、
実際に、遺灰カプセルをロケットで発射するサービスもあります。
地球の周回軌道に乗り、半年〜250年のうちに
大気圏で燃えて流れ星になるのです。

「EARTH VIEW」HP（2016年4月）

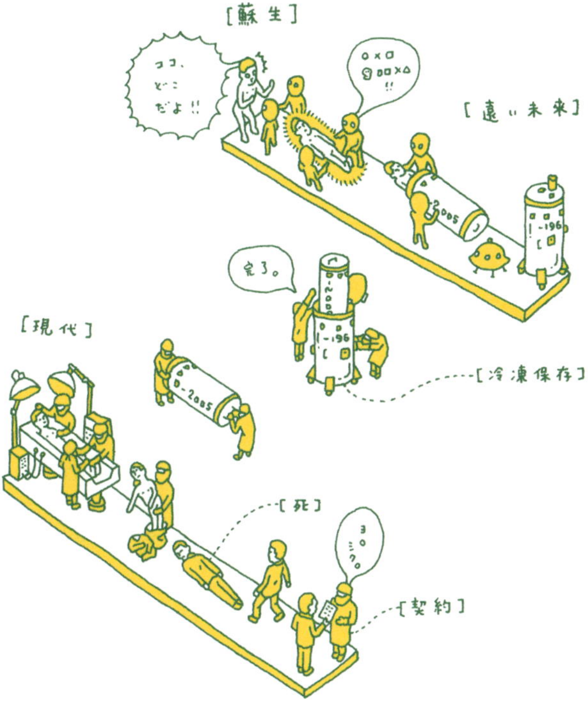

➡未来へ行く

[アメリカ]

蘇生が可能になるかもしれない未来まで、肉体の時を止める冷凍保存。
アメリカの施設「ALCOR」財団では、
すでに70人ほどが冷凍されているそう。
この壮大なギャンブルの代金は、全身冷凍で1件あたり20万ドル。
ちなみに頭部のみは8万ドル。

「ALCOR Life Extension」HP(2016年4月)

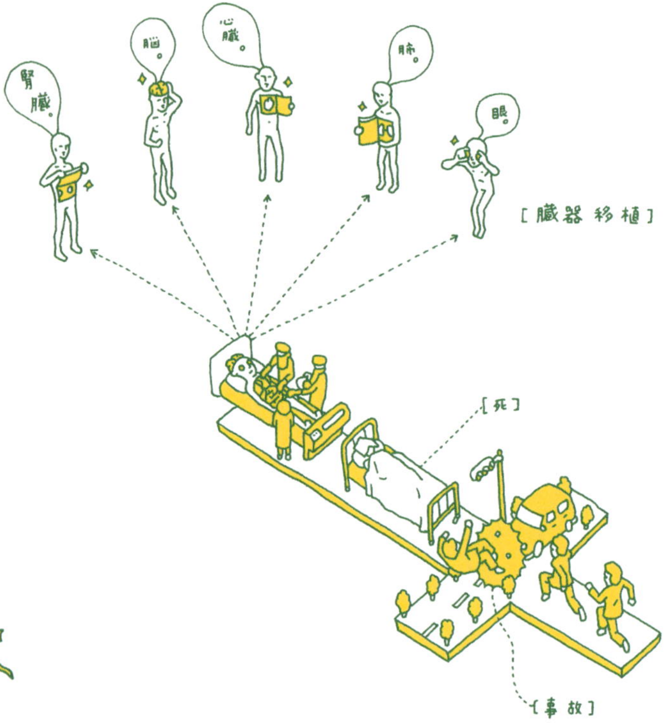
腎臓。
脳。
心臓。
肺。
眼。
[臓器移植]
[死]
[事故]

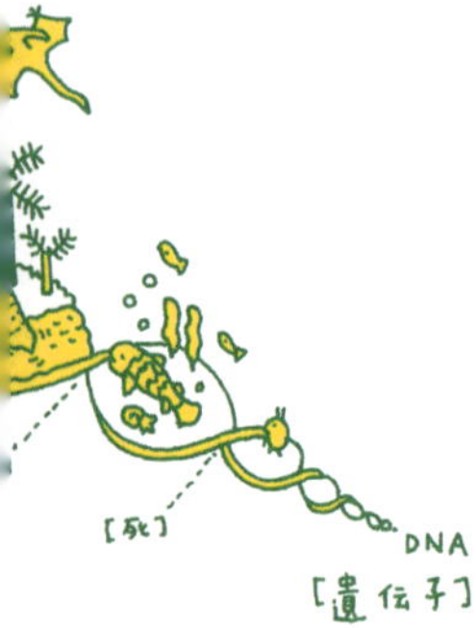
[死]
DNA
[遺伝子]

➡人の体になる

[現代医学]

今は、使い手が死んでしまった
健康な目や心臓を、病気の人のものと
取り替えることができます。
体の一部だけは、別の人の命と
つながってもう少し生きる。
現代ならではの、死のカタチです。

「臓器提供意思表示カード」(厚生労働省・
(社)日本臓器移植ネットワーク発行)を、
死んだときに持っていることが必要です。

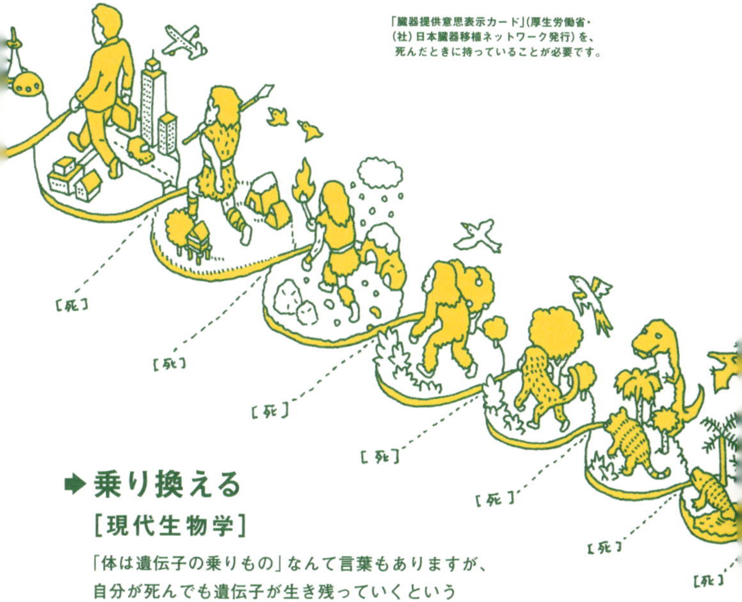

➡乗り換える

[現代生物学]

「体は遺伝子の乗りもの」なんて言葉もありますが、
自分が死んでも遺伝子が生き残っていくという
考え方もひとつのカタチ。遺伝子の情報は、
太古の昔から、体を乗り換えながらつながっていき、
地球がある限り消えないのです。
これこそ、「不老不死」のカタチかもしれません。

僕が好きなのは、死んだらとなりの島に行くという、
パプアニューギニアの死のカタチです。みんながそういうつもりで生きていたら、
きっとおだやかでしあわせだろうなと想像したら、楽しい気持ちになりました。

「死で、やる気が出る。」

誰だって、死を気持ちいいものと考えたほうが、生きていて楽しい。
これだけいろいろなカタチがあるにもかかわらず、
死んだらみんな苦しい世界に行くと考える国はひとつもありません。
地獄もあるけど、バランスをとるみたいに天国もあるのです。

ときには戒め、ときには励まし、ときには道具として、
生きている人がやる気の出る死のカタチ。そういうカタチを探すうちに、
現在の死のカタチができあがったのではないでしょうか。
必ずしも、みんなが本気で信じているわけでは
ないかもしれませんが、みんなが持っている死のカタチが、
その国や民族の結び目になっているような気がしました。

やる気の出る死のカタチ

やる気の出ない死のカタチ

先生、これが死の世界なんですか？
を守れ

いーんだよ。
何だって。

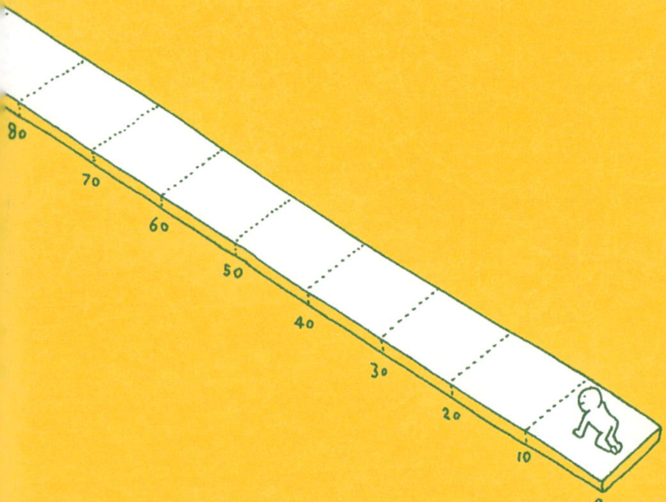
80
70
60
50
40
30
20
10
0

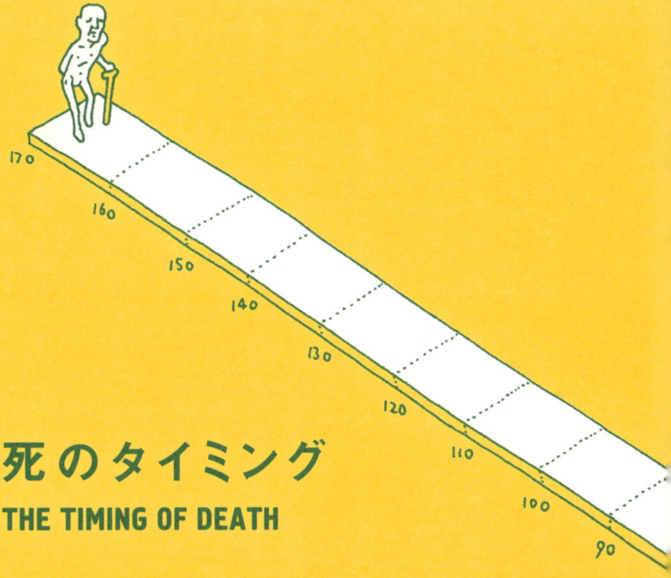

死のタイミング

THE TIMING OF DEATH

仕事も終わって、風呂にも入って、メールもチェックして、
さて寝よう、と電気も消して、ふとんに入ったりした瞬間、

「そういえば、俺、いつかは死ぬんだよな。」

突然、気づいてしまったりすることはないですか。
僕は1年に1回ぐらい、ドキッとすることがあります。
考えてみると、僕はふだん、自分が死ぬわけないと信じているフシがある。
実際、精神科医キューブラー・ロス先生の『死ぬ瞬間』(中公文庫)によると、

「人間は無意識に、自分にかぎって死ぬことは絶対にありえないと考えている。」

だから、死について考えたくないし、聞きたくないんだとか。
たしかに、いつか死ぬと頭ではわかっていても、実感はない。
とはいえ、誰でも必ず死ぬわけで、ここでは、
死が訪れるタイミングについて調べてみました。

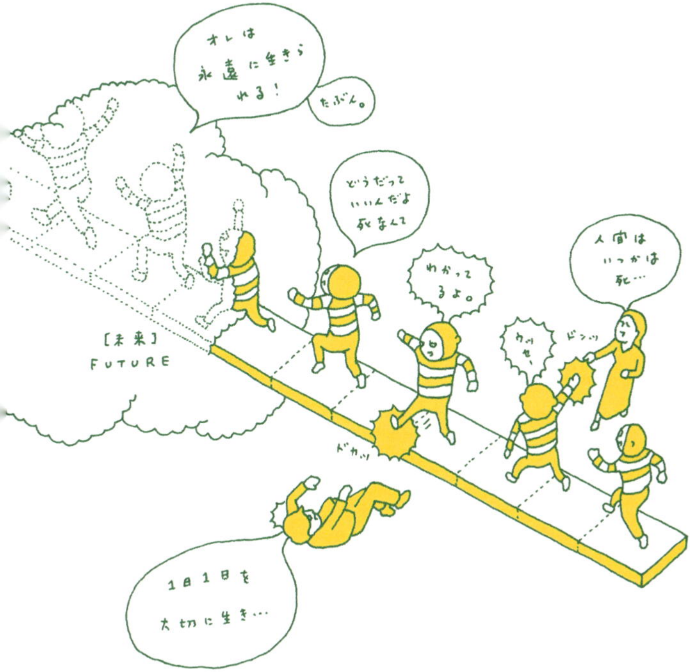
オレは永遠に生きられる！
たぶん。
どうだっていいんだよ死なんて
わかってるよ。
人間はいつかは死…
ウッセ、
ドンッ
ドカッ
[未来]
FUTURE
1日1日を大切に生き…

暮らしのリズムや自分の生き方の転機を考えるとき、
実は、平均寿命というモノサシで、人生を計っているような気がします。

「平均寿命は、心の支え。」

日本人の平均寿命は、だいたい80歳くらい。
僕の場合はその半分くらいしか生きてないわけだから、
やっぱり、「今は、まだまだ死なない。」と考えたりします。

「現代人はとっくにスローライフ。」

たとえば江戸時代前期の平均寿命は30歳くらいだったと言われています。
もし僕がこの時代に生きていたら、もう人生あがりだったのです。

「スローライフ」という言葉をよく耳にしますが、
江戸時代の人は、ゆっくり生きたいと思っていたでしょうか。
「ゆっくり暮らすことはいい。」という感覚は、
長く生きられる時代だからこその感覚なのかもしれません。

江戸時代前期の平均寿命『老化の科学入門』

よく生きました。
もうすぐ折り返し
1947
50 40 30 20 10 0
まだまだ
先は長いな。
現在
80 70 60 50 40 30 20 10 0
ようやく半分か。
もっと遊んどこう。
近い未来
100 90 80 70 60 50 40 30 20 10 0

平均寿命ランキング

1 日本 / 84
2 アンドラ / 83
2 オーストラリア / 83
2 イタリア / 83
2 サンマリノ / 83
2 シンガポール / 83
2 スペイン / 83
2 スイス / 83
9 カナダ / 82
9 キプロス / 82
9 フランス / 82
9 アイスランド / 82
9 イスラエル / 82
9 ルクセンブルク / 82
9 モナコ / 82
9 ニュージーランド / 82
9 ノルウェー / 82
9 韓国 / 82
9 スウェーデン / 82
189 アンゴラ / 52
189 チャド / 52
189 コンゴ民主共和国 / 52
192 中央アフリカ共和国 / 51
193 レソト / 50
194 シエラレオネ / 46

61
164位
〔ケニア〕

55
183位
〔ナイジェリア〕

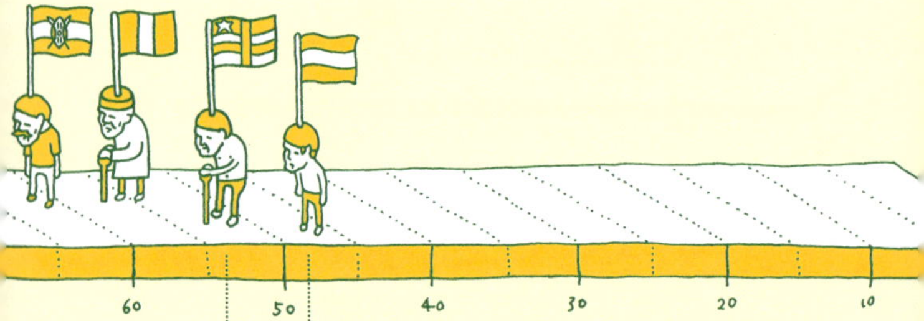

51
192位
〔中央アフリカ共和国〕

46
194位
〔シエラレオネ〕

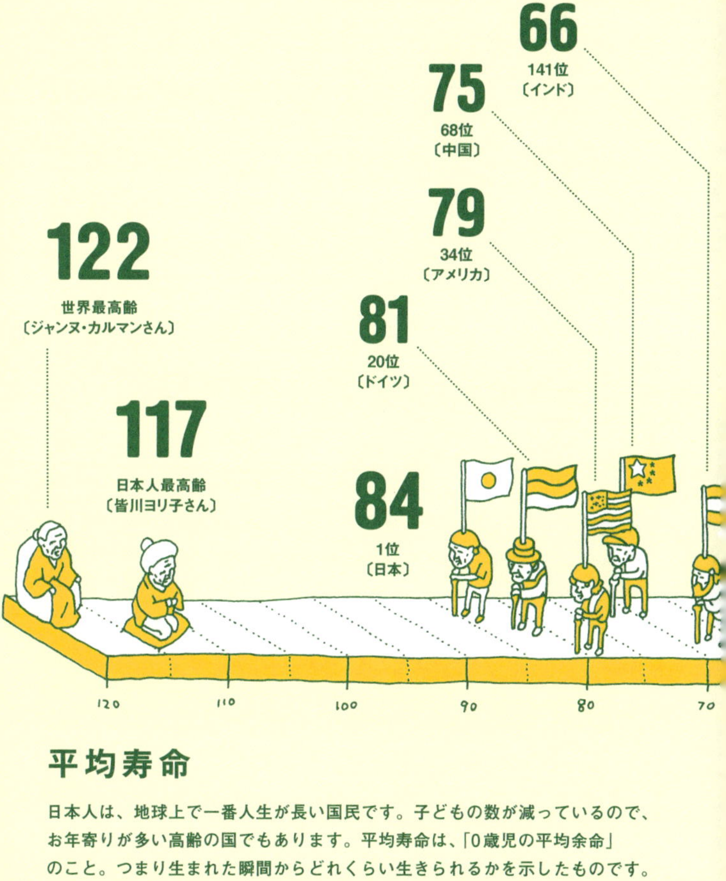

平均寿命

日本人は、地球上で一番人生が長い国民です。子どもの数が減っているので、お年寄りが多い高齢の国でもあります。平均寿命は、「0歳児の平均余命」のこと。つまり生まれた瞬間からどれくらい生きられるかを示したものです。だから、赤ちゃんの死亡率が高いシエラレオネでは、平均寿命が短いのです。平均寿命の年齢は、それぞれの国の状況を映し出してもいます。

データはWHO「世界保健統計2015」より（WHO加盟国194カ国の2013時点の統計、2014年の日本人の平均寿命は男性81.17歳、女性86.83歳）

理想の生活をすれば、人間は、２００歳まで生きられる。
そんな説もあるようです。でもよく考えてみると、
２００年のうち１３０年ぐらいがセックスレスの人生なんですね。
それって、なんか、どうなんでしょうか。

「寿命がのびてもカラダはついていけない。」

日本の平均寿命はこの50年で20歳のびていますが、
カラダが衰えるスピードが変化したというのは聞いたことがありません。
ニュースを見ていると、高齢化が問題になっていますが、問題なのは、
高齢化ではなくて、カラダや世の中がそれについていけないことだと思いました。

「気持ち VS 寿命。」

生きたい気持ちと、のびる寿命。本当はいいこと2倍のはずです。
ところが、実際にはこの２つがバチバチ火花を散らしているらしいのです。

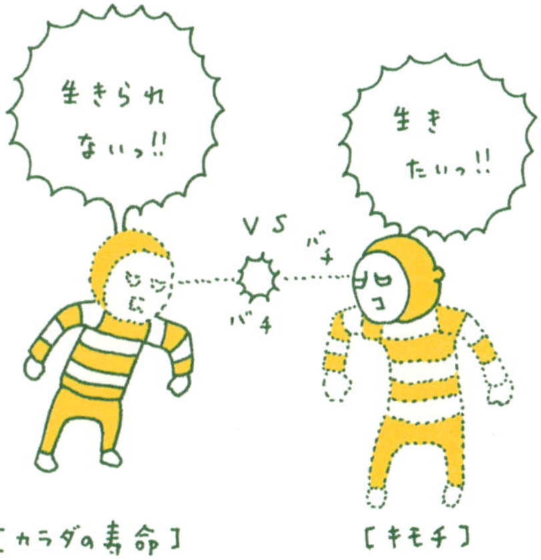
生きられないっ!!
生きたいっ!!
VS
バチ
バチ
[カラダの寿命]
[キモチ]

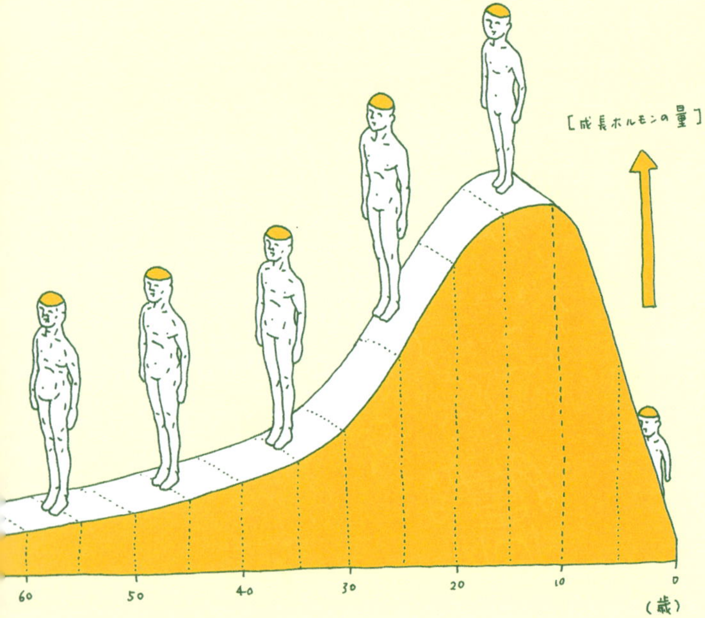
[成長ホルモンの量]
60
50
40
30
20
10
0
(歳)

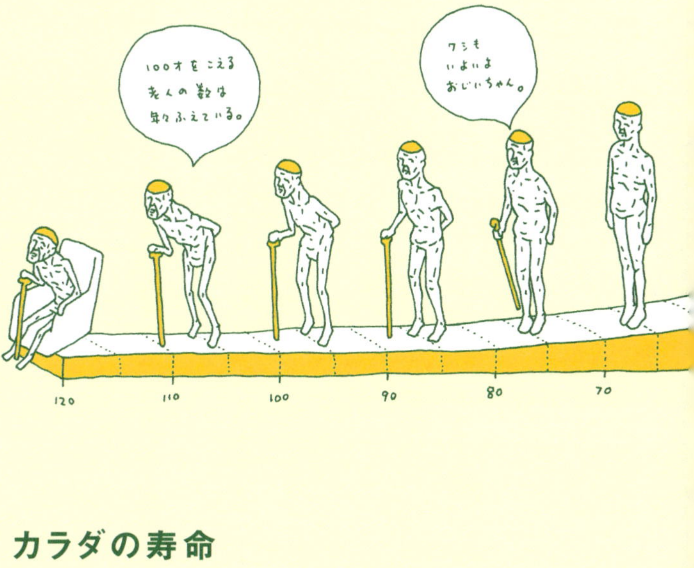

カラダの寿命

人は、12歳頃をピークに成長ホルモンの量が減っていきます。
医療や衛生面の改良で、人はなかなか死ななくなりましたが、
カラダはいつの時代も変わらない速さで、老化します。
長く生きることは、老人でいる時間が増えることなのです。

図は、加齢にともなう成長ホルモンの血中濃度グラフのデータをもとにしています。米井嘉一『老化と寿命のしくみ』

医療技術が発達したことで、生きたい気持ちはすでに尽きているのに、カラダは生きているということが起こりはじめました。
そんななか、「脳死」など、新しい死も生まれています。

「気持ちとカラダの終わりがズレる。」

動物だったら、食べられたりケガしたり、死のタイミングはカラダが決めます。
でも、現代の人間にとっては、死のタイミングを決めるのは、本人や周囲の人の気持ちになっているのです。

「いつ死ぬべきか。」

遺伝子の研究が進んで、その人の寿命や、将来の病気までわかるようになって、平均寿命が100歳を突破したとして、その先どうなるか。
いつ死ぬかではなく、どこで生きるのをやめるかを考えておく必要がありそうです。
これからは、死に向かって、自分から歩み寄っていく時代なのかもしれません。

どうしたらいいんだろう。
生きてほしい!
ちょっと待った!
[家族]
できるかぎりのことはしてみましょう。
病気が回復することもある。
そこがムズカシイ。

ホスピスのような、こういう考え方もあります。
できるだけ安らかに。

死の場所

THE PLACE OF DEATH

夏休みの昼下がり、僕は実家のいなか道を車でドライブしていました。
農場では牛が鳴いていて、天気もいい。森の緑もあざやかです。

「やっぱ、音楽、欲しいよな。」

僕はお気に入りのCDをプレーヤーにセットしました。
ところが何度入れてもCDが出てきてしまいます。
下を向いてプレーヤーと格闘すること十数秒。
顔を上げると、なぜか正面に、茶色い杉の木が立っていました。
木の幹が、あれよあれよと車のフロントにめりこんで、
ボンネットが布みたいにシワシワになっていきました。

「あれれ、俺、死んじゃうの?」

と思ったかどうだか、僕はしこたまハンドルに頭をぶつけたのでした。

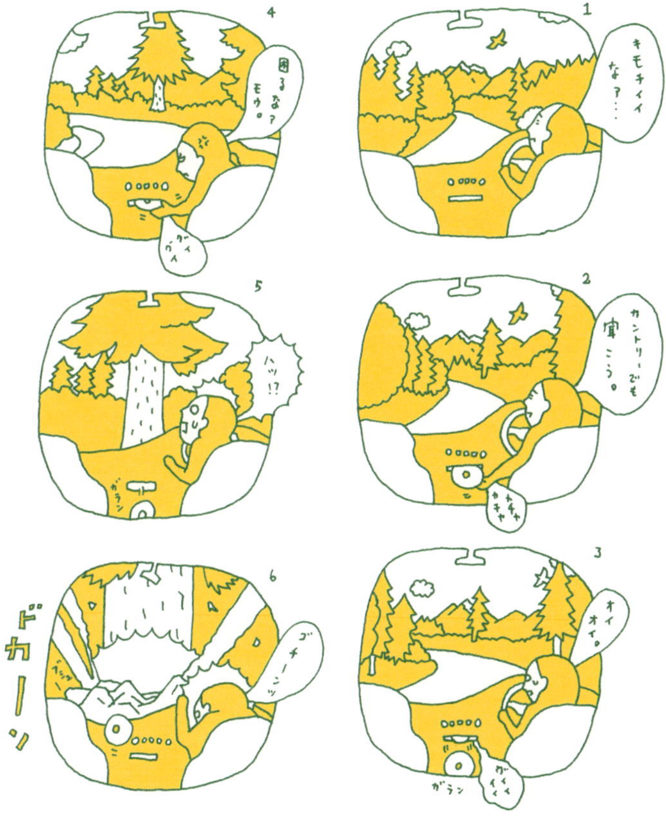
1
キモチイイなァ…
2
カントリーでも聞こう。
カチャカチャ
3
オイオイ。
ガイイイ
ガラン
4
困るなァモウ。
グイグイ
5
ハッ!?
ガラン
6
ゴチーンッ
ベシッ
ドカーン

車はシューシュー白い煙を上げてオシャカになったものの、
僕はコブができただけでした。
外はあいかわらずのいい天気。鳥の声が聞こえて、牛が鳴いています。

「俺、こんなところで死んだかもしれなかったのか。」

映画やドラマのなかで人物が死ぬときには、それ相応のシーンがあります。
でも現実には、どうってことない田園風景のなかでも死ぬことがある。

自分はどこで死ぬんだろう。
誰でも一度は考えたことがあるのではないでしょうか。
みんながどこで死ぬのか、
また、どういう場所で死にやすいのかを、
世界から、家のなかまで、いろんなスケールで、
まとめてみることにしました。

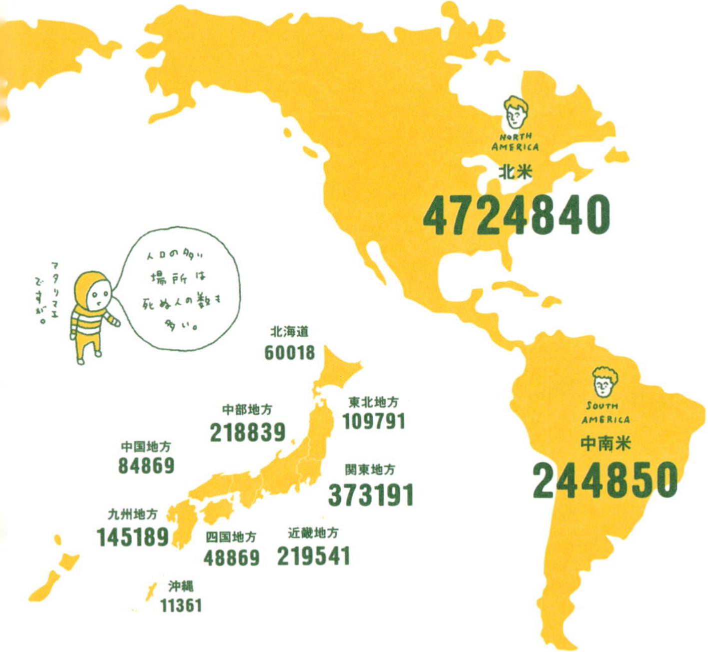

日本の年間死亡者数 (数字＝人)

日本の総人口は、約1億2543万1000人。
統計上の年間死亡者は、約127万3004人。

データは、平成26年「人口動態統計」をもとにしています。
なお、外国（163人）、不詳（1173人）を除いています。

世界の年間死亡者数 (数字＝人)

世界の総人口は、約72億人。

統計上の年間死亡者は、約5933万人。

各国死亡者の数は、〈大陸別人口（10万単位・2012年）×大陸別死亡率（10万人あたりの死亡者数・2010～2015年）〉で概算したもの。データは「データブック オブ ザ ワールド2016年版」をもとにしています

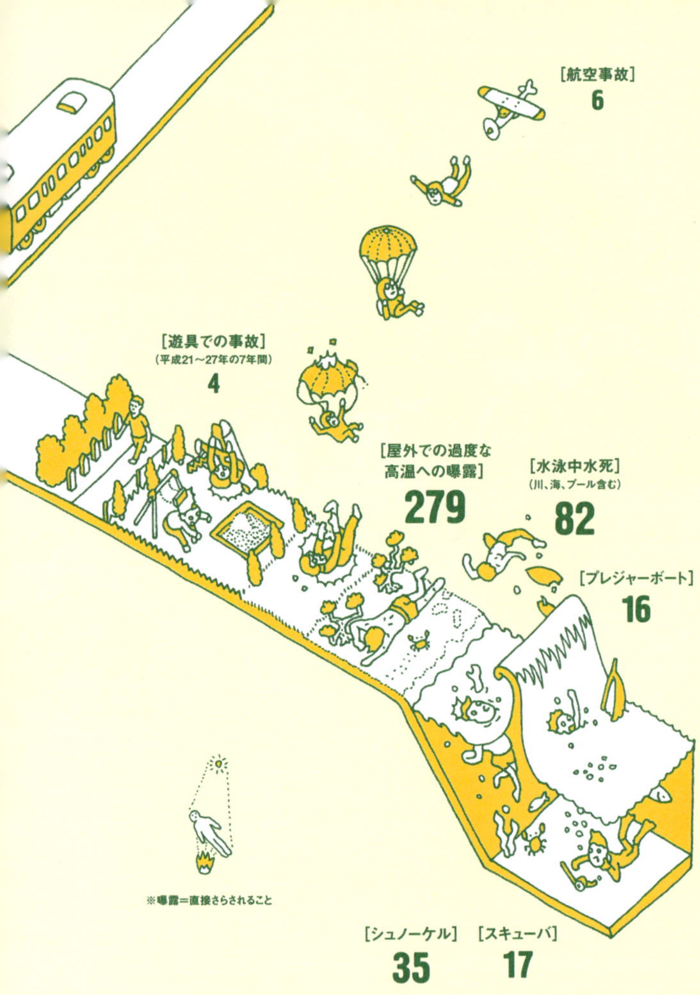
[航空事故]
6
[遊具での事故]
(平成21～27年の7年間)
4
[屋外での過度な
高温への曝露]
279
[水泳中水死]
(川、海、プール含む)
82
[プレジャーボート]
16
※曝露＝直接さらされること
[シュノーケル]
35
[スキューバ]
17

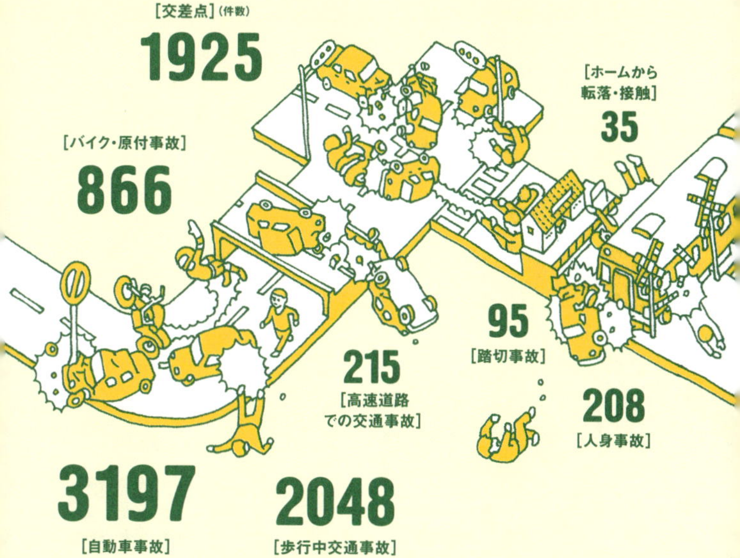

街の年間死亡者数 （数字＝人）

日本人の屋外での死因の１位が交通事故。
次に自然災害、労働災害とつづきます。
とくに死ぬ確率が一番高くなるのは「交差点」といえそう。

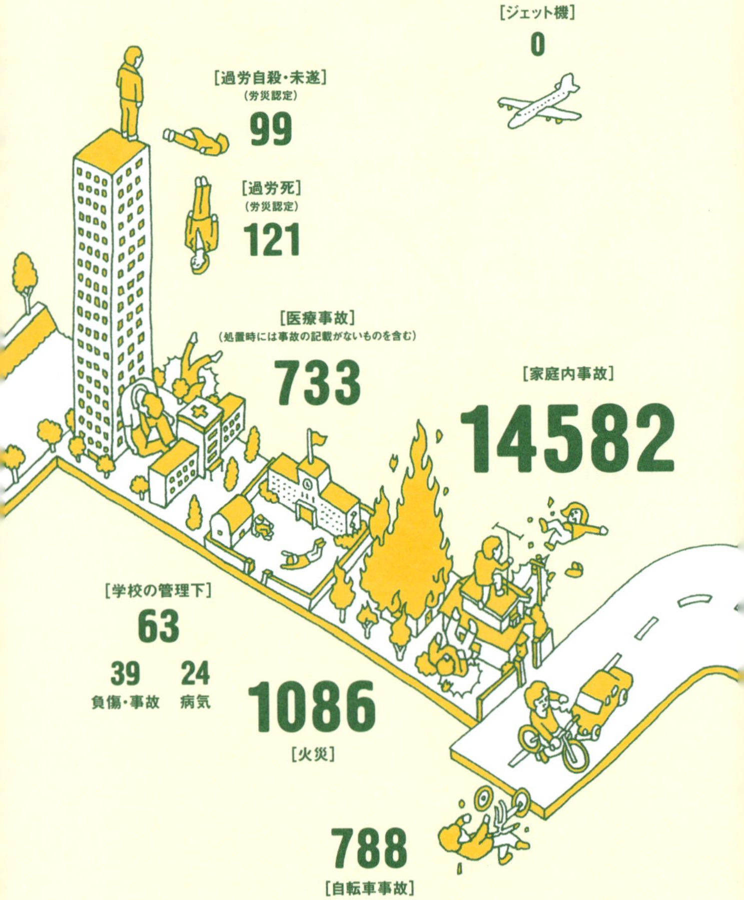

[ジェット機]
0
[過労自殺・未遂]
(労災認定)
99
[過労死]
(労災認定)
121
[医療事故]
(処置時には事故の記載がないものを含む)
733
[家庭内事故]
14582
[学校の管理下]
63
39
負傷・事故
24
病気
1086
[火災]
788
[自転車事故]

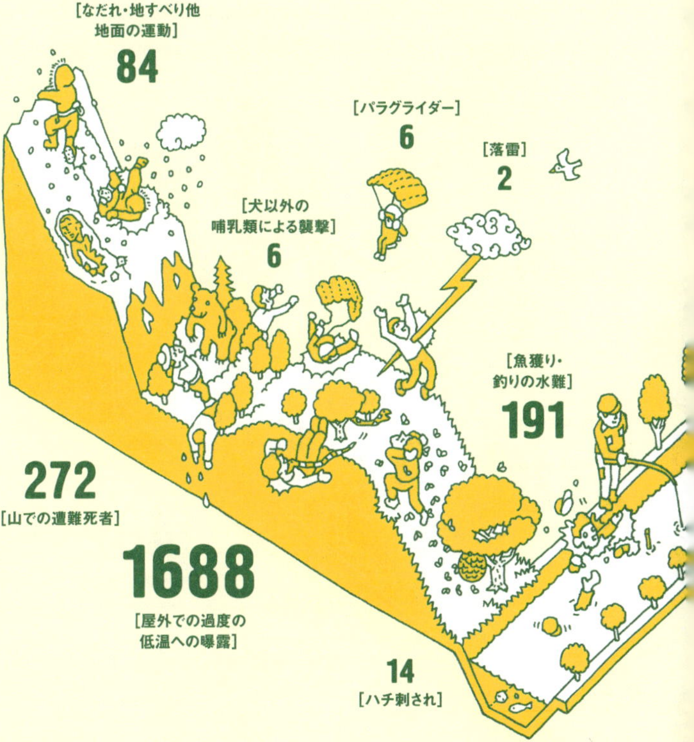

平成26年人口動態統計／平成26年日本スポーツ振興センター資料／平成26年警察白書／
平成27年警察庁交通局資料／平成27年国土交通省資料／平成26年度厚生労働省資料／
平成25年海上保安庁資料／平成26年公益社団法人日本ハング・パラグライディング連盟

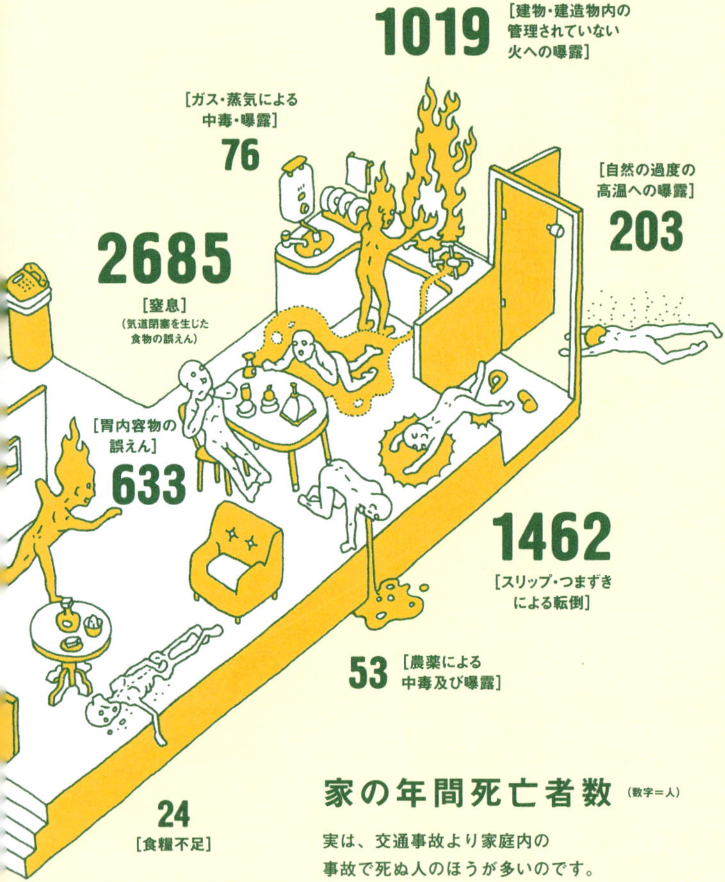

家の年間死亡者数 (数字＝人)

実は、交通事故より家庭内の
事故で死ぬ人のほうが多いのです。
約8割はお年寄り。65歳過ぎたら、
お風呂や階段が一番危険な死の場所です。

※平成25年「人口動態統計」の家庭内での
事故死亡者調査結果をもとにしています。

※曝露＝直接さらされること
[建物または
建造物からの転落]
323
[階段・ステップ
での転倒・転落]
475
[窒息]
(物体の誤えん)
229
[夜着その他
着衣・衣服の発火、
溶解への曝露]
51
437
[自然の過度の
低温への曝露]
95
[熱及び
高温物質への接触]
75
[蛇口からの
熱湯との接触]
4761
[浴槽での溺死]

実をいうと、ここまで並べた死に場所は、
ほとんどの人には関係がありません。なぜなら、

「日本人の8割は、病院で死ぬ。」

事故で死ぬ人は全体の1割にも満たないのです。
残りほとんどの人は病気になって、病院で死ぬ。

多様化社会とかいわれる現代です。
死ぬ場所も、人それぞれたくさんあると思っていました。
実際には、死ぬ場所はどんどん画一的になっていて、
昔よりも病院で死ぬ割合が増えているのです。
ただ最近は、ホスピスや在宅医療など、
終末医療（ターミナルケア）といわれる
「死を迎えるための医療」の選択肢も、広がってきています。

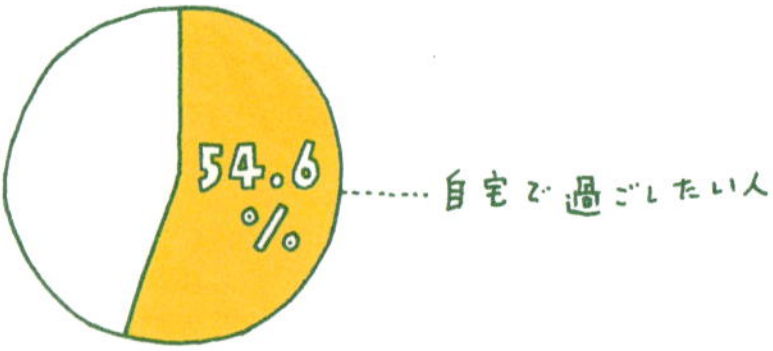

[自宅で死にたい人の割合]

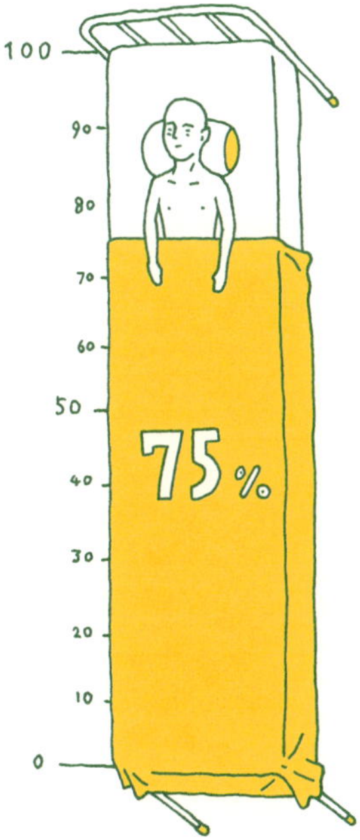

8割：平成26年「人口動態調査」より。1年間の死亡者の75・2%が病院で亡くなっています。
1割：平成26年「人口動態調査」より。病気以外の自殺、事故、老衰で死亡するのは、全体の12.8%。
円グラフは、平成24年内閣府資料より（対象は55歳以上の男女）。

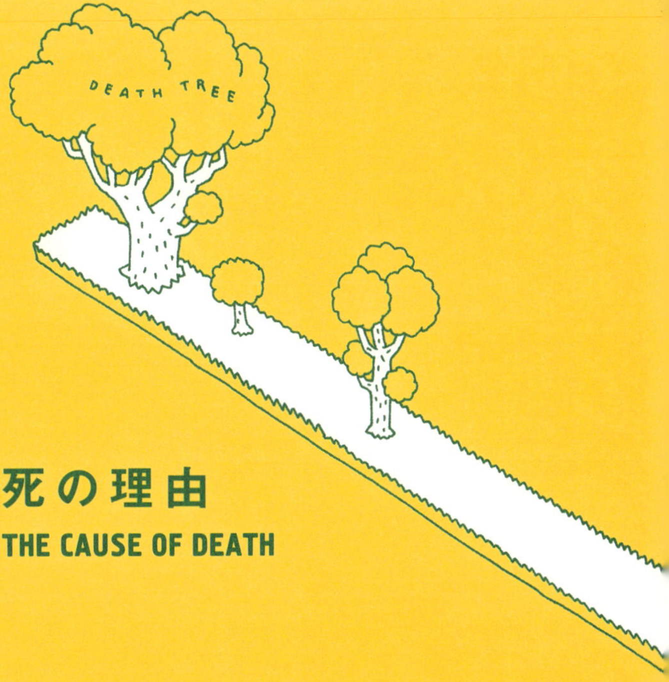

死の理由

THE CAUSE OF DEATH

なんで死んだの？　お葬式があったり、誰かが亡くなったと聞くと、
どうしてもその死因を聞きたくなってしまいます。

「知ってどうする。」

心筋梗塞でも交通事故でも、死んでしまったことに変わりありません。
半分は納得したいからですが、半分ぐらい好奇心のような気もする。
死の本を探すと、死因の本がたくさんあるのですが、
死因は死そのものとは、たぶんあんまり関係ないと思います。

「死因は死ではなく、その手前の問題。」

どちらかというと、死の手前が苦しいものだったか、
それとも、一瞬だったのか。そういうことが知りたいのです。
日本人の死因はざっと見ただけで8200種類ほどもあります。
ひとつずつを挙げることはできないので、
ここでは、代表的な死因について調べてみました。

［突然］

［いつのまにか］

［段階的に］

［意識不明のまま］

［長い闘病］

「死因基本分類表」では、大きく分けると
体の外側からの原因による死と、内側からの原因による死があります。
病死のなかに感染症など何十種、
感染症のなかにチフスなど病名が何十種、
さらに部位や症状などで何十種も……といった具合に
細かく分けられるのです。

数限りない、死の理由

厚生労働省が人口動態統計に使っている
「死因基本分類表」というものがあります。
これは、国際統計をとるために
世界保健機関（WHO）がつくった死因の分類表です。
実際は系図のように無数に枝分かれしながら、
最終的な細かい死因は約8200種ほどにもなります。

死因の主役たち

日本で、いま最も死に至る確率の高い病は「3大疾病」と呼ばれています。
60年くらい前は、ここに「結核」「肺炎」「脳卒中」が並んでいました。
どこかを治すとどこかが出てくる、
時代と病気のいたちごっこがつづいているのです。

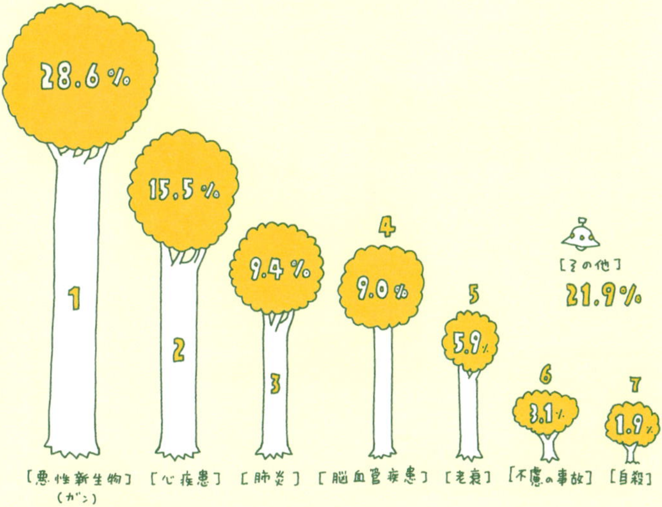

日本の死因ランキング

死因の王者は、なんといっても「悪性新生物＝ガン」。
世界でも、先進国のほとんどでガンは１位。
日本の場合、ガンという死因をとりのぞくと、
男性で 4.04 歳、女性で 3.01 歳平均寿命がのびるのだとか。

平成26年「人口動態統計」をもとにしています。

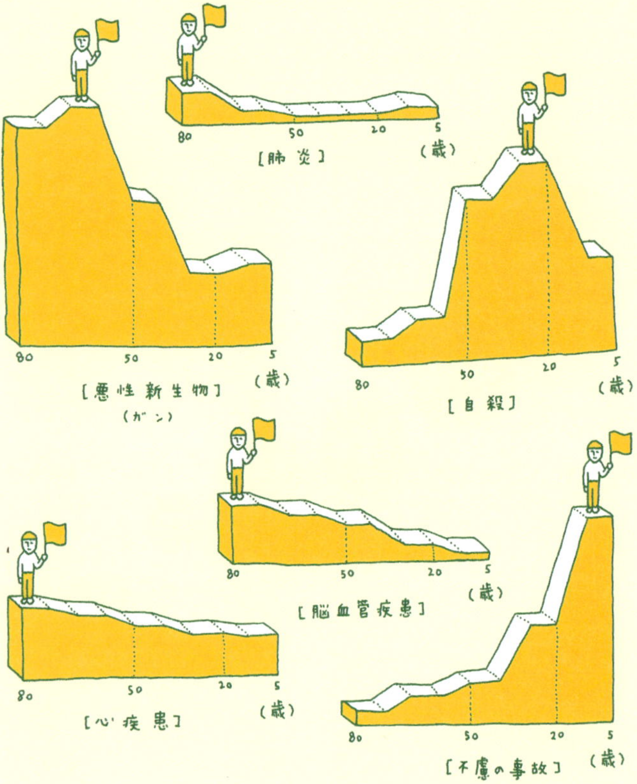

死因と年齢の力関係

主な死因での死亡者数を、年齢を横軸に図にしてみました。
元気な若者は病気にかかりにくいかわりに、事故で死にやすい。
働き盛りのサラリーマンには、自殺が多い。
年齢によって、それぞれの死因の割合が変わってくるのです。

死因で毎日を考える

年齢によって主役の死因が変わるため、
日々の心がけも変わるのかもしれません。
若いうちは健康より楽しさだったり、中年期は癒しだったり。
世の中の動きと照らし合わせると、案外合っているような気がします。

平成15年『人口動態統計』をもとに、グラフ化しています。

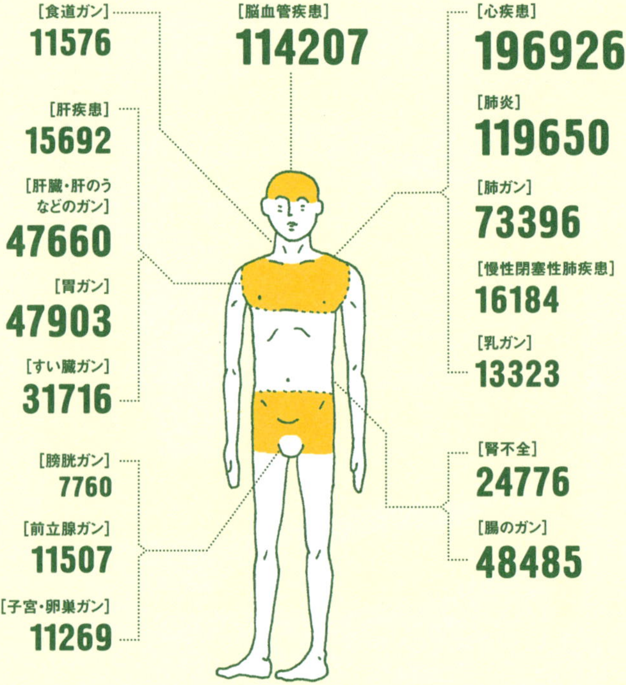

ボディパーツ別の年間死亡者数

日本人の死因のトップ10に入っている病気での死亡者数と、
悪性新生物（ガン）の死亡者数を体の部位別に分類して、まとめてみました。
皮膚のガンや、血液の病気など、全身にかかわるものは除いています。

データは、平成26年「人口動態統計」をもとにしています。

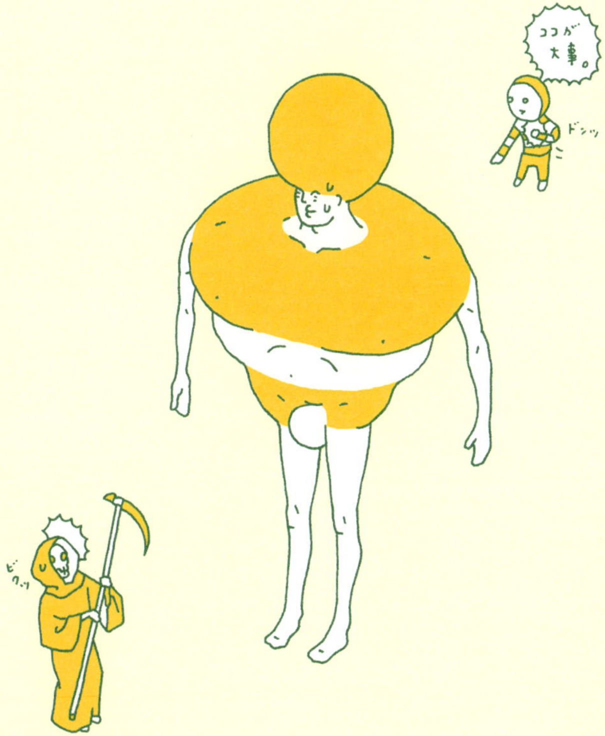

死のホムンクルス

体のパーツ別死亡者数をもとに割合を決めたら、こんな人間になりました。
異様に、胸がでかいです。次に頭。あとは尻すぼまりになっていく。
死神の本当の姿が見える目があったら、彼の姿が見えるかも。

「ガンです。」

とてもショッキングな言葉です。
悪性新生物（ガン）は、日本人にとって最大の死因。
感染症で死ぬ人が減ったことで、寿命がのび、結果的にガンが増えました。

今、現実的には、「ガン」と向き合うことは、
死と向き合うことだといってもいいのかもしれません。

全国の40～69歳の男女990人に聞いたアンケートでは、
「どんな場合でもガンになったら事実を知りたい」人は全体の約7割。
全国の医師へのアンケートでは、ガンの告知率も、約7割。

ひと昔前までは、ガンは
告知しないことのほうが多かったとか。

「ガン=死」というイメージが強すぎて
告知がしづらくなっているという一面もあるようです。

ガンの告知希望率：平成13年にライフデザイン研究所が実施した「終末期医療に関する意識調査」より
ガンの告知率：日本癌治療学会資料より（2012年、全国一般病院施設がん診療担当医師1224名を対象）

ガンを知る前と後。

ガン＝死ではない。

おじいさん?

8
7
6
5
4
3
2
1
0

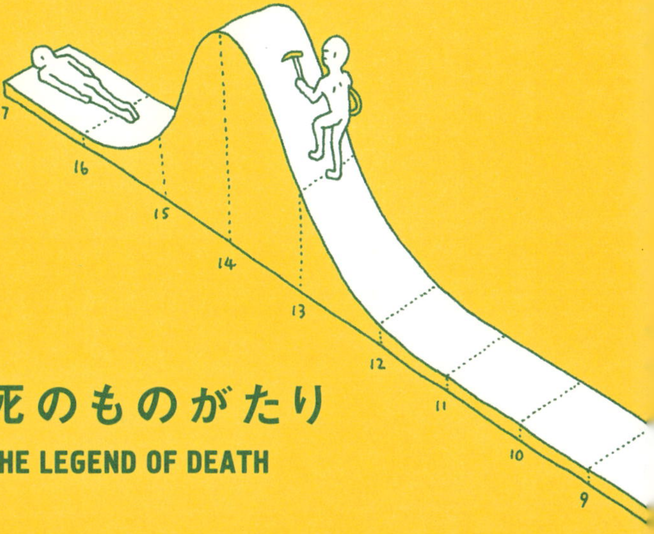

死のものがたり

THE LEGEND OF DEATH

小学校6年生のころ、南野陽子の熱烈なファンでした。
ヒマさえあれば、陽子との物語を想像しました。
お気に入りは、窮地におちいった陽子を、僕が助ける物語。
やっぱりヒーローたるもの自己犠牲が必要なわけで、
腕を怪我したり、頭から血を流したりしてガンバッタ感をアピール。
陽子はココロ打たれ、やさしく介抱してくれたものです。
でも、だんだん物足りなくなってくる。
もっと強烈に、陽子のココロをワシづかみにしたい。

「やっぱ、死ぬしかねえ。」

僕のなかの最高傑作は、東京大地震の物語。
僕は、実家が長野のフォッサマグナの上にあるので、地震をいちはやく察知。
幻魔大戦ばりの光を放って空を飛び、東京へ向かうのです。
ビルの下じきになる陽子。身を挺してビルを持ち上げる僕。
陽子の脱出を見とどけた僕は力つき、ビルの下に沈むのでした。

1.
ムッ
2.
地震がくる…
3.
ビュー
スゲーッ
みんなも逃げろっ!!
4.
ゴゴゴゴゴゴゴゴ
ビューーン
5.
キャー
YOKO
6.
逃げろ!!
ガッ
ドナタ?
YOKO
7.
コレでイイ…
ヘッ
YOKO
8.
ズズズズーン
9.
アリガトウ…
ムフフッ

南野陽子を助けて死ぬのはカッコイイ。
子どもゴコロにそう感じていました。
死をランクづけしたり、評価したりすることは、
あまり良いことではないとされています。
だけど、良い死、悪い死、カッコイイ死、ダサイ死って、
やっぱり絶対あると思うのです。

「死のイメージは、死ぬまでの物語がつくる。」

死ぬまでの物語は、生きてきた人生ともいえます。
盛大に惜しまれたり、あるいはバカだなと哀れまれたり。
自分の死を考えるとき、やっぱり一番気になるのは、
自分の物語だったりしないでしょうか。

世の中では、実話、フィクション問わず、たくさんの死のシーンが語られています。
ここでは、いろんな人が、どう生きて、どう死んだかを集めてみました。

グサッ
[身がわり]
[好きな人のムネで]
[見守られて]
[強いヤツに立ち向かって]
[孤独に]
[つっ走って]
[燃えつきて]
[身を投げ出して]
なんとなくカッコイイ死

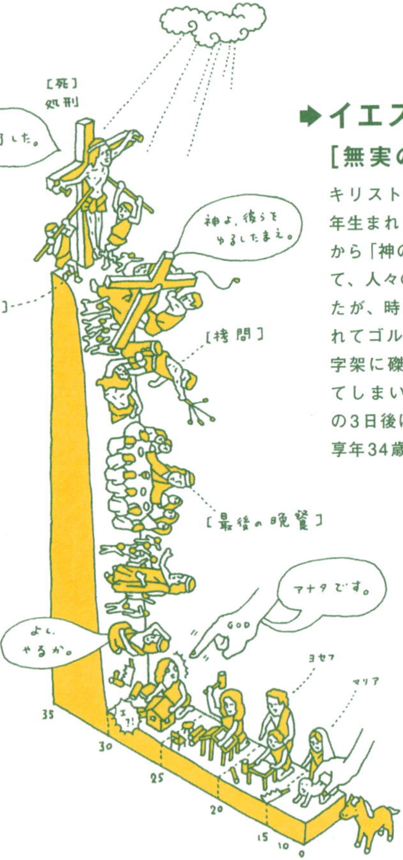

➡イエス・キリスト

[無実の罪で処刑]

キリスト教の始祖。紀元元年生まれ（諸説あり）。30歳から「神の国」の存在を説いて、人々の支持を集めましたが、時の権力者にうとまれてゴルゴダの丘の上で十字架に磔のうえ、処刑されてしまいました。でも、その3日後には蘇ったらしい。享年34歳（諸説あり）。

➡ゴータマ＝シッダールタ（仏陀《ぶっだ》）

[すべてを説いて天寿まっとう]

仏教の始祖。紀元前463年生まれ（正確には不明）。王族の身分もなにもかも捨てて出家、35歳で悟りを開き、多くの弟子に教えを残して死んでいきました。享年80歳。

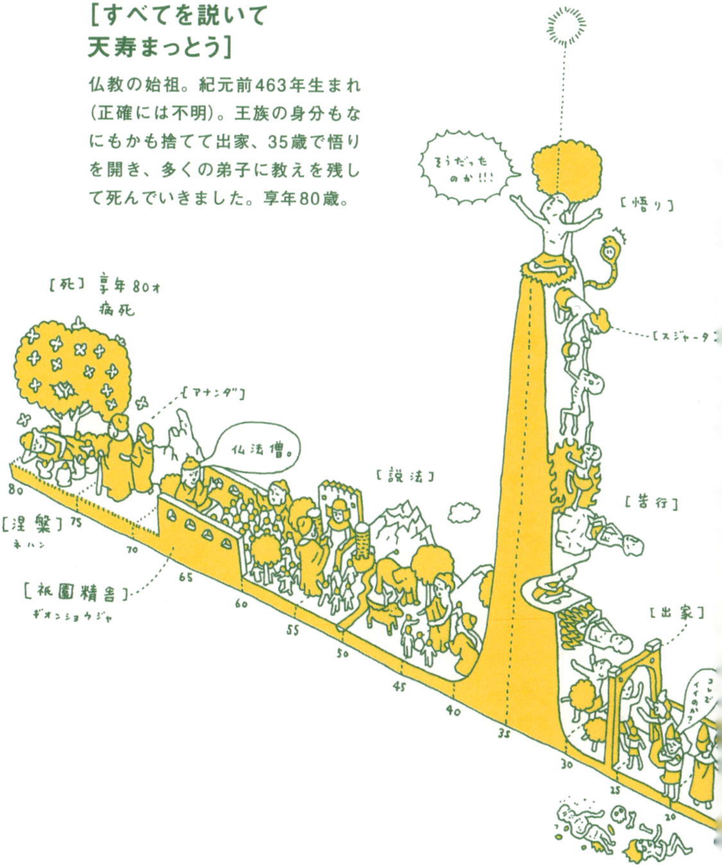

➡織田信長

[天下を勝ちとって死す]

1534年尾張生まれ。少年時代は奇行をくり返すが、25歳から国内の敵を一掃。部下に裏切られて自殺するまで、天下にいちばん近い男でした。享年48歳。

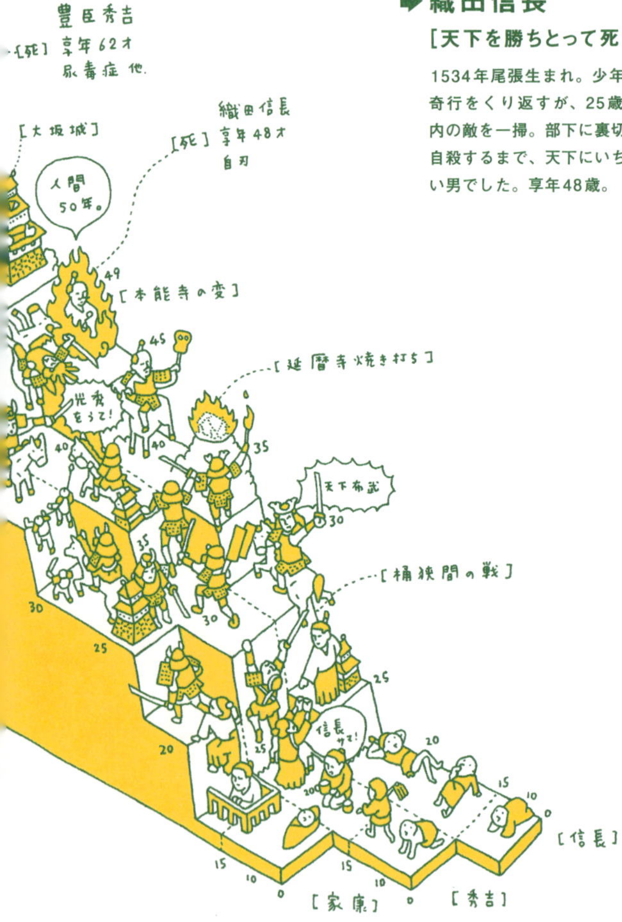

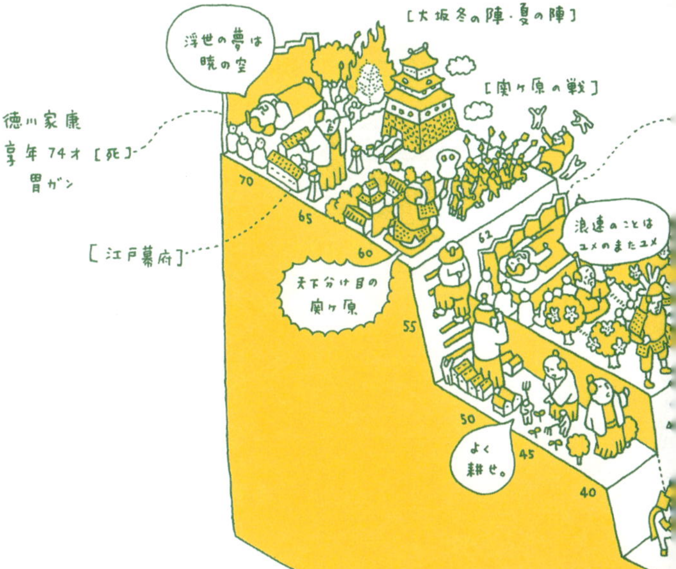

➡徳川家康

[天下を泰平にして死す]

1542年三河生まれ。人質として肩身せまく育つ。信長、秀吉のつけた道を継いで、気づけばひとり勝ち。江戸幕府を息子につないで大往生。享年74歳。

➡豊臣秀吉

[天下に駆けあがって死す]

1536年尾張生まれ。貧しい家の出ながら、行動力と知恵で織田信長の死後、日本のトップに成り上がった。さらに朝鮮へ手を広げるなか、無念の病死。享年62歳。

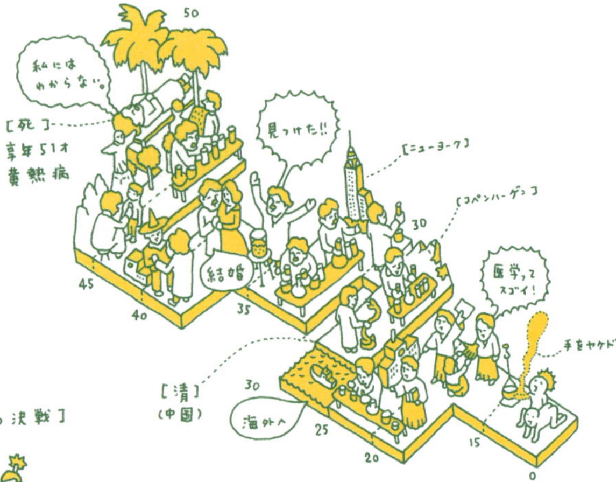

➡野口英世

[細菌学者として病死]

細菌学者。1876年福島県生まれ。幼いとき左手を火傷し、名医に治療されたことをきっかけに医師をめざす。黄熱病の野口ワクチンで南米黄熱病を撃退したが、アフリカ黄熱病に効かず、自分が感染。享年51歳。

➡坂本龍馬

[維新のなかに死す]

土佐藩士。1835年土佐生まれ。仲が悪かった薩摩藩と長州藩の2大勢力をとりもち、幕府を倒す新勢力をまとめることに成功。が、明治維新直前、何者かに暗殺された。享年32歳。

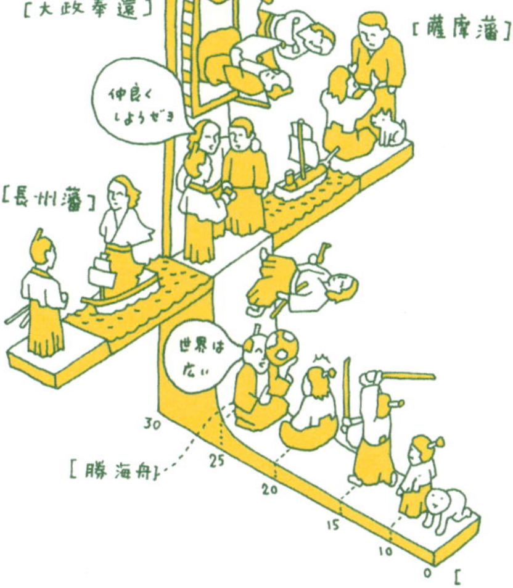

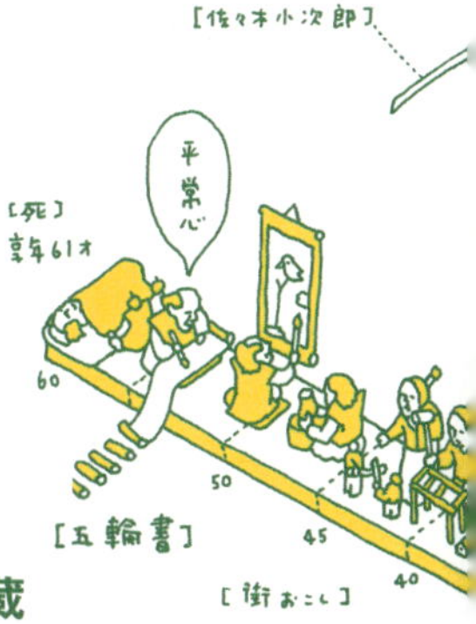

➡宮本武蔵

[無敗で永眠]

兵法家。1584年美作国生まれ。剣豪の家に生まれ、30歳まで約60回の決闘で勝ちつづけた。佐々木小次郎との決闘後、引退。大名たちの政治を手伝い、晩年は隠居して、静かに死亡。享年61歳。

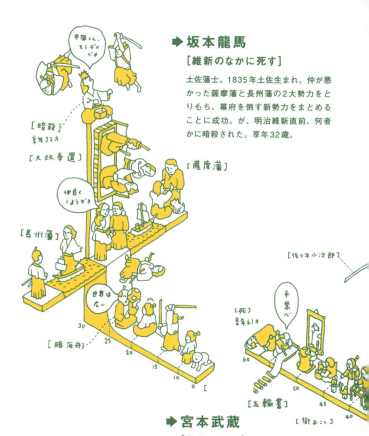

［平賀源内］

［項羽］

［クレオパトラ］

［沖田総司］

［大石内蔵助］

［四谷怪談］
お岩

［武蔵坊弁慶］

［石川五右衛門］

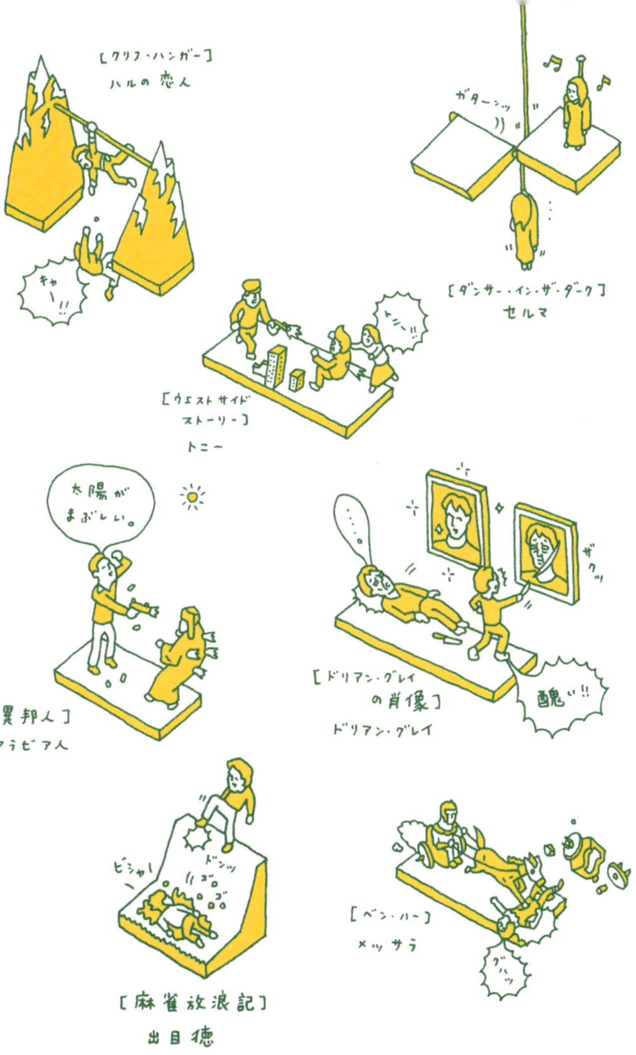
[クリフ・ハンガー]
ハルの恋人
キャー!!
ガターンッ
[ダンサー・イン・ザ・ダーク]
セルマ
トニー!!
[ウエストサイドストーリー]
トニー
太陽がまぶしい。
[異邦人]
アラビア人
…。
ザクッ
醜い!!
[ドリアン・グレイの肖像]
ドリアン・グレイ
ドンッ
ビシャ!
ゴゴ
[麻雀放浪記]
出目徳
[ベン・ハー]
メッサラ
グハッ

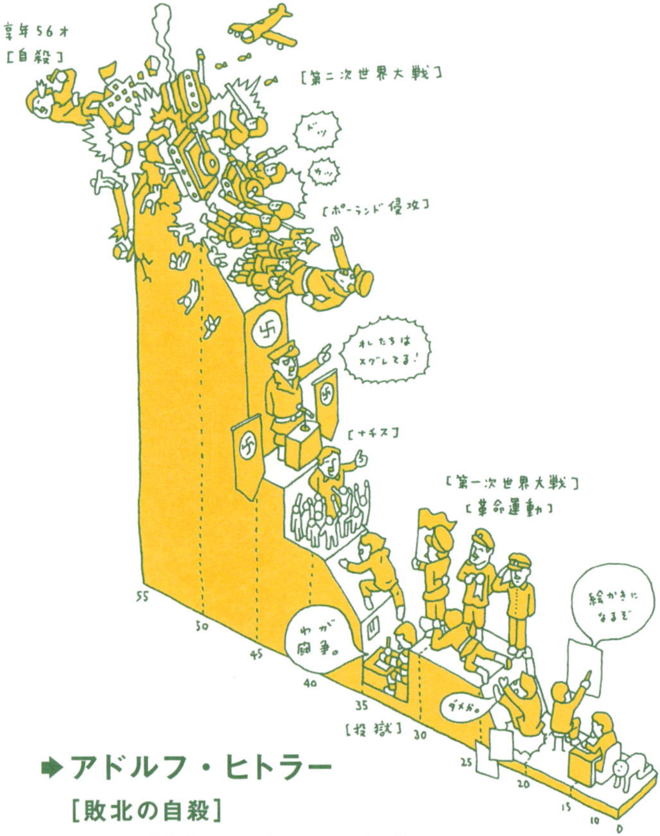

➡アドルフ・ヒトラー

[敗北の自殺]

ドイツの政治家。1889年オーストリア生まれ。画家をめざす一途な青年だったが、やがてドイツ第三帝国の総統として第二次世界大戦の引き金をひく。ナチスをつくり、のちに「史上最悪」といわれる独裁政治を行った。享年56歳。

➡サン＝テグジュペリ［空に消ゆ］

作家、パイロット。1900年フランス生まれ。飛行機に魅せられパイロットをめざす。文筆でも活躍、『星の王子様』を書く。第二次世界大戦のとき飛行機で出撃し、帰らぬ人に。享年44歳。

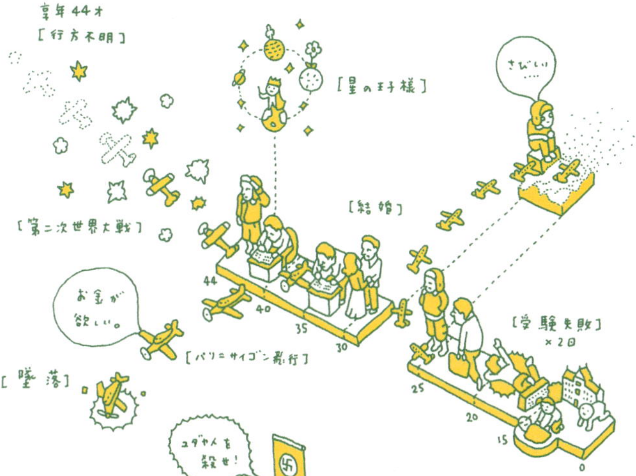

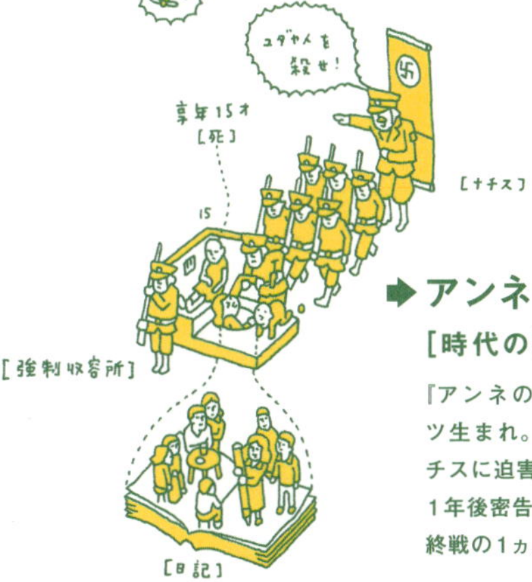

➡アンネ・フランク

［時代の犠牲者になる］

『アンネの日記』著者。1929年ドイツ生まれ。ユダヤ人だったためにナチスに迫害され、オランダに隠れる。1年後密告され、強制収容所で死亡、終戦の1ヵ月前だった。享年15歳。

➡ジャンヌ・ダルク

[魔女として火あぶり]

フランスの聖女。1412年フランス生まれ。イギリスとの百年戦争時代、「国を救え」という天の声を聞き、フランス軍の兵士に。オルレアンを奪還し救世主になるが、捕虜となり火あぶりに。享年19歳。

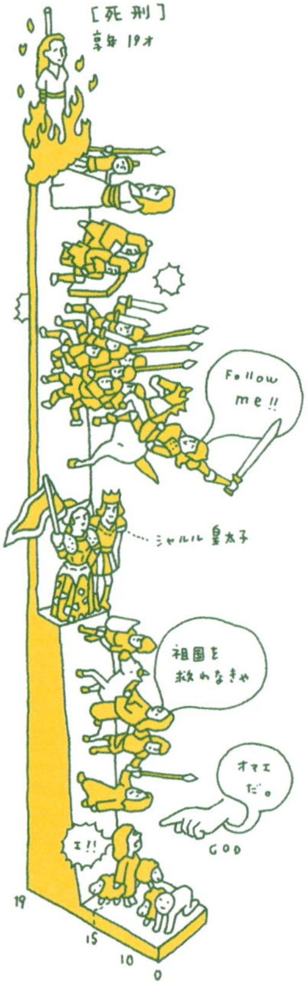

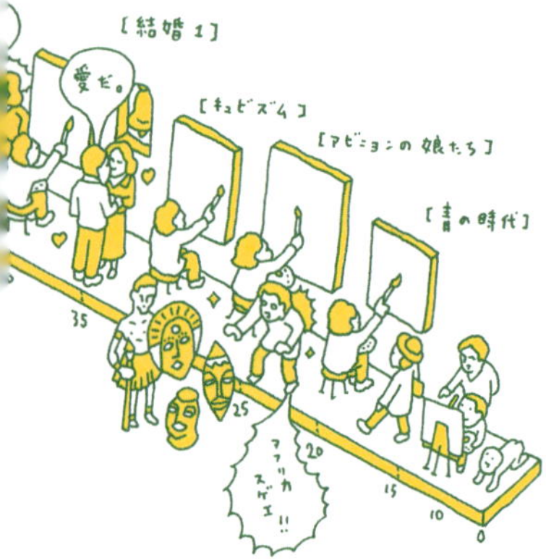

➡ピカソ

[最後まで人生満喫]

画家。1881年スペイン生まれ。世間の非難に負けず、常識をくつがえす新しい絵画をつくった。創作も恋愛もパワーは衰えず、死の直前まで爆走した人生。享年92歳。

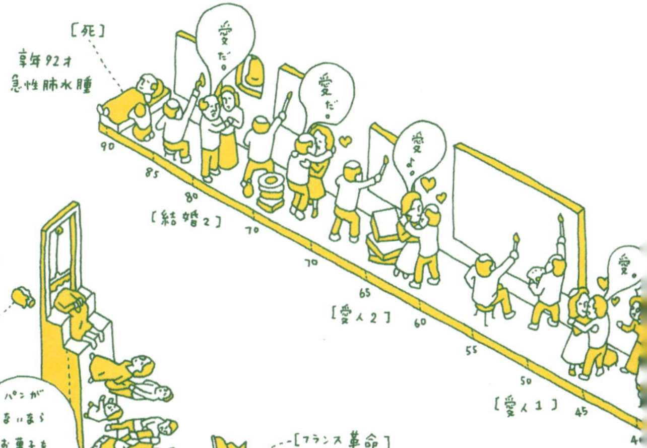

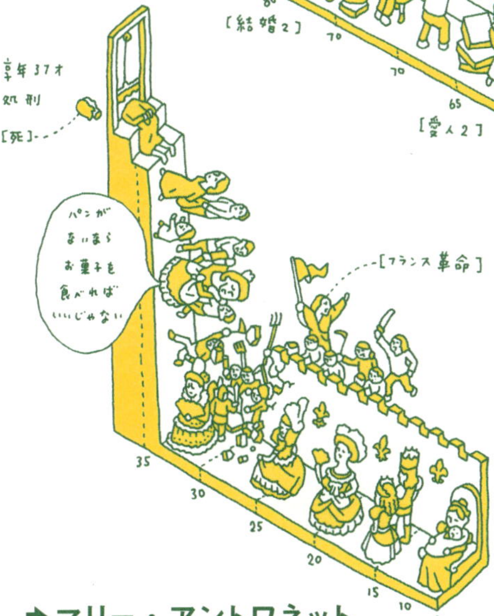

➡マリー・アントワネット

[宮殿からギロチンへ]

フランス王妃。1755年オーストリア生まれ。フランス王家に嫁ぎ、ぜいたく三昧。貧しい国民は共和制を求めてフランス革命を起こし、夫のルイ16世とともに断頭台で処刑された。享年37歳。

[13日の金曜日]
ジェイソン

[イージー・ライダー]
キャプテン・アメリカ

[犬神家の一族]
佐清

[宇宙戦争]
市民

[トップガン]
グース

[ターミネーター2]
ターミネーター

[ラストエンペラー]
ネズミ

[スター・ウォーズ]
ヨーダ

[太陽にほえろ!]
ジーパン

[エルム街の悪夢]
一般の人

[私は貝になりたい]
清水豊松

[鉄道員]
乙松

[悪魔のいけにえ]
サリーの友達

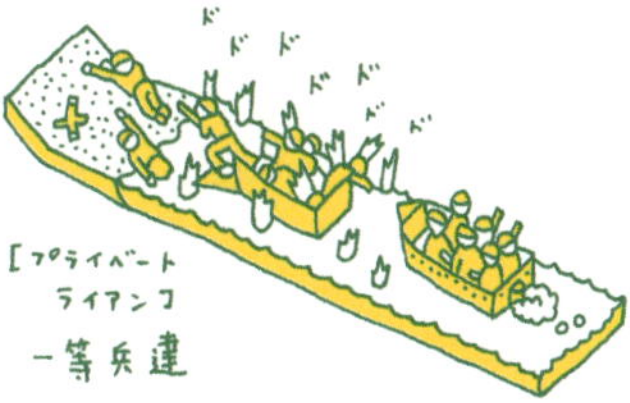

[プライベート・ライアン]
一等兵達

[ジョーズ]
クイント船長

➡手塚治虫

[トップを完走]

漫画家。1928年大阪生まれ。医師と漫画家の2つの道を進み、漫画を選んで日本の漫画界・アニメ界のトップに。絶えず仕事を受け、ガンになっても仕事優先、漫画に命をかけた生涯だった。享年60歳。

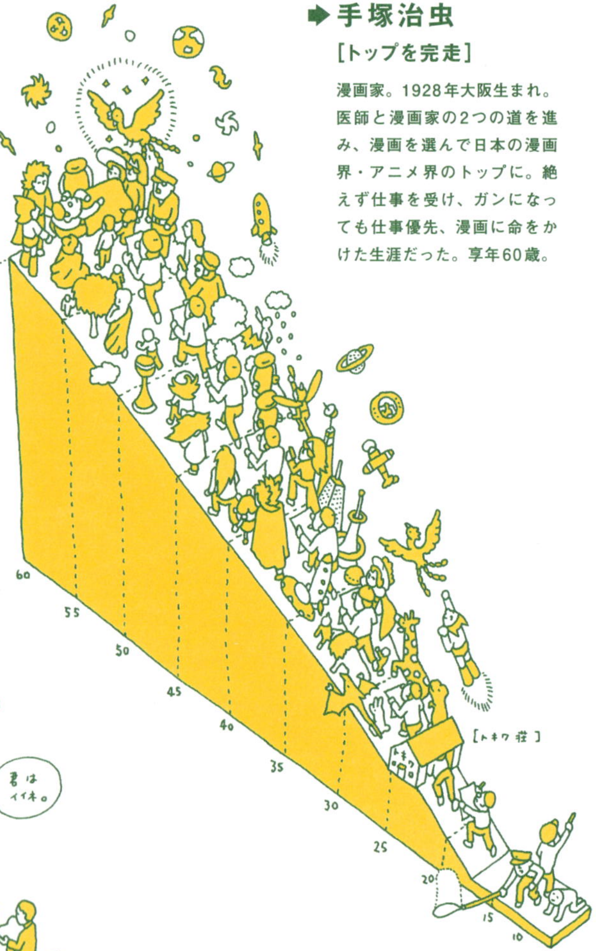

➡太宰治

[心中してグッド・バイ]

作家。1909年青森県生まれ。文学一筋で大学入学後すぐ創作活動開始。心中未遂、自殺未遂をくり返し、助かった命で傑作を書いた。3度目でついに心中に成功。享年39歳。

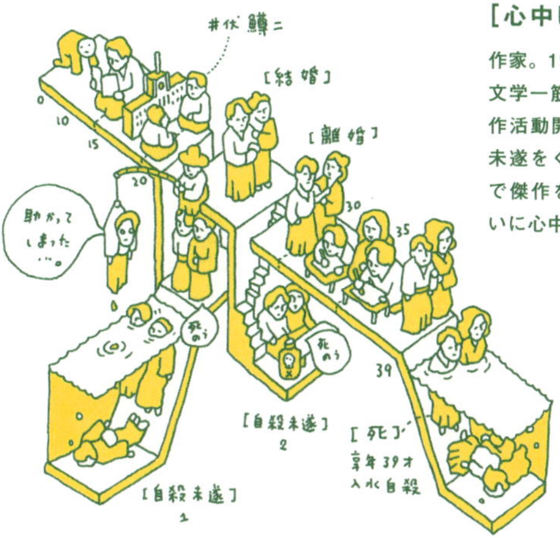

➡三島由紀夫

[信念の割腹]

作家。1925年東京生まれ。上流階級の家に生まれてエリート道を進むが、才能を認められて文壇へ。次第に政治活動に目ざめて、自衛隊へ決起を叫びながら日本刀で割腹。享年45歳。

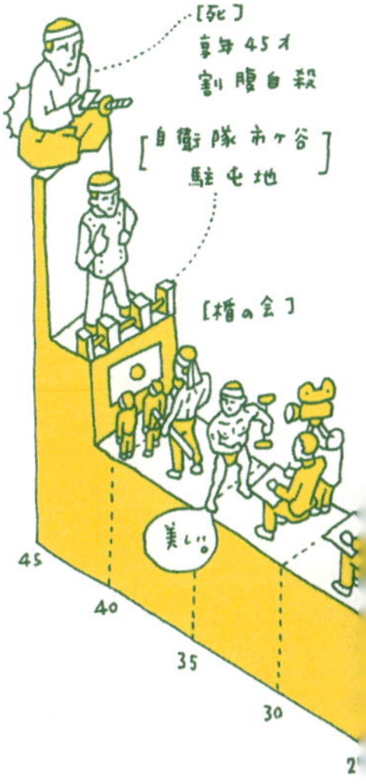

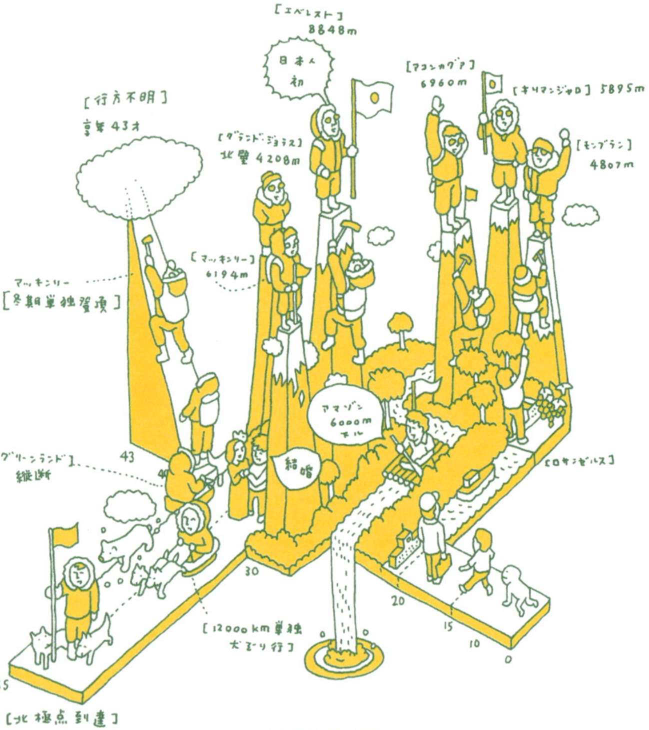

➡植村直己

[マッキンリーで死す]

冒険家。1941年兵庫県生まれ。世界で初めて五大陸の最高峰すべてを制覇。世界的な冒険に挑戦し続け、世界初マッキンリー冬期単独登頂に成功した直後、消息を絶った。享年43歳。

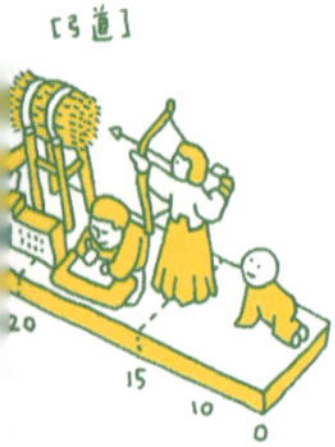

➡ジェームス・ディーン

[ポルシェで激突]

ハリウッドスター。1931年アメリカ生まれ。インディアナ州から俳優をめざしてハリウッドへ。猛スピードでスターダムに駆け上がった瞬間、交通事故死。享年24歳。

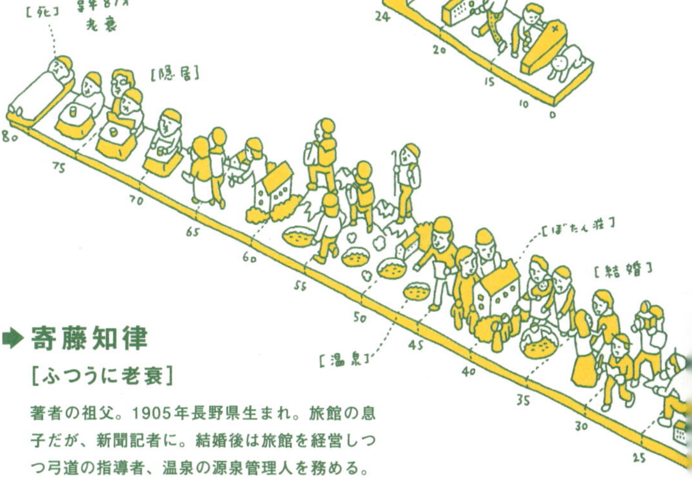

➡寄藤知律

[ふつうに老衰]

著者の祖父。1905年長野県生まれ。旅館の息子だが、新聞記者に。結婚後は旅館を経営しつつ弓道の指導者、温泉の源泉管理人を務める。64歳で廃業し、夫婦初の海外旅行へ。以後23年間、隠居生活。享年87歳。

[ディア・ハンター]
ニック

[ビーチボーイズ]
マサジイ

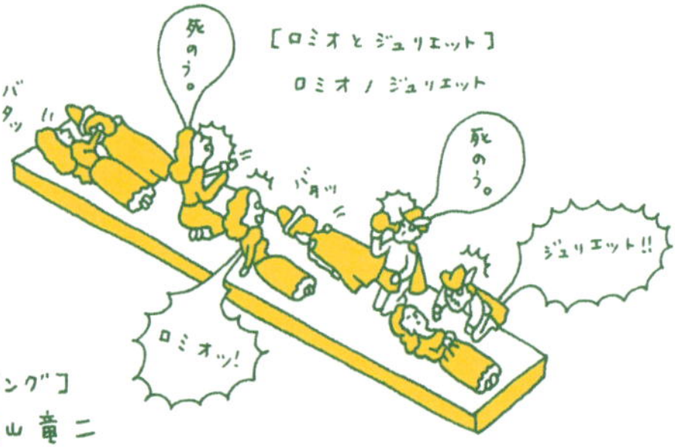

[ロミオとジュリエット]
ロミオ／ジュリエット

[リング]
高山竜二

[天空の城
ラピュタ]
ムスカ

[ジュラシック・パーク]
保険屋

[スパイダーマン]
グリーン・ゴブリン

[ザ・フライ]
セス

[AKIRA]
アキラ

[エクソシスト]
神父

[俺たちに明日はない]
ボニー & クライド

[ゴッドファーザー]
ヴィトー・コルレオーネ

[真夜中の
カーボーイ]
ラッツオ

➡ラオウ（北斗の拳）

[我が生涯に一片の悔いなし]

巨星墜つ。

➡ハリー・S・スタンパー

[地球を救って死ぬ]

アメリカ生まれ。掘削のプロ。地球に小惑星が墜ちる危機のなか、惑星に渡って、核爆弾を設置するというミッションに我が身を挺して成功。地球を救う名誉の死。映画『アルマゲドン』に登場。

➡ハチ公

[主人を待ちながら眠る]

忠犬。1923年秋田県生まれ。東京帝国大学教授の上野英三郎先生のもとで愛されて育ったハチ。先生が死んだあとも、帰らぬ主人を待って毎日渋谷駅に通い、9年目に駅で亡くなった。享年11歳。

➡ごんぎつね

[気持ち届くが死す]

猟師の兵十からうなぎを盗んでしまったお詫びに、毎日、こっそり栗や松茸を届けていたが、兵十は知らずにごんを撃ち殺す。そこで兵十はすべてを悟る。新美南吉の童話。

➡赤ずきんのオオカミ

[仕返しされ死す]

フランス生まれ。赤ずきんとおばあさんを食べるが、昼寝中に通りかかった猟師が2人を腹から出してかわりに石を詰めたので、腹が重くて死亡。

➡グレーゴル・ザムザ

[虫として死す]

チェコ生まれ。セールスマンとして一家を支えていたが、ある朝突然、自分が毒虫に変わっているのを発見。生活は一転して家族に邪魔もの扱いされ、やがて衰弱死。小説『変身』に登場。

➡ オフィーリア

[おだやかに溺死]

13世紀デンマーク生まれ。王子ハムレットの恋人。殺された王の復讐を誓う王子にあたり散らされ、さらに父親を彼に殺され、気が狂って歌いながら川底へ沈む。戯曲『ハムレット』に登場。

➡ ネロ（フランダースの犬）

[静かな凍死]

ベルギー生まれ。絵が好きな少年。おじいさんと愛犬パトラッシュと楽しく過ごしていたが、やがて天涯孤独に。最後に念願だったルーベンスの絵を見て、天へ旅立っていく。

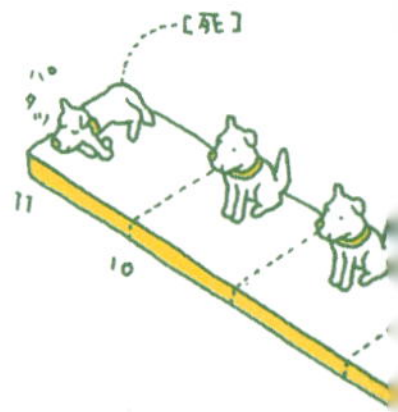

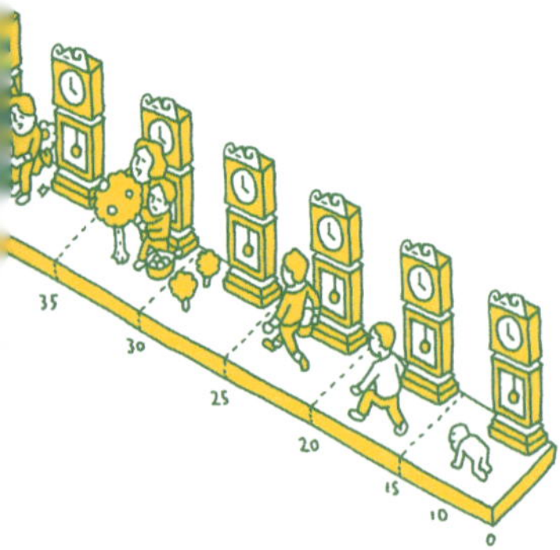

➡ 人魚姫

[失恋して死す]

デンマーク生まれ。海で命を助けた人間の王子に一目ぼれ。声とひきかえに人間に変身したのに、王子は気づかず別の姫と結婚。人魚姫は、海の泡になって消え去る。北欧の童話。

➡大きな古時計のおじいさん

[老衰]

おじいさんの生まれた朝にやってきた時計とともに歩んだ100年間。古時計が最後の時を告げるとともに天国へ昇っていく。アメリカの童謡に登場。

➡マッチ売りの少女

[しあわせに凍死]

デンマーク生まれ。クリスマスの夜、貧しい少女はマッチを売り歩くが買う人もなく、街角で力尽きる。マッチを擦ると、死んだおばあちゃんが現れ、少女は温かく天国へ迎えられる。

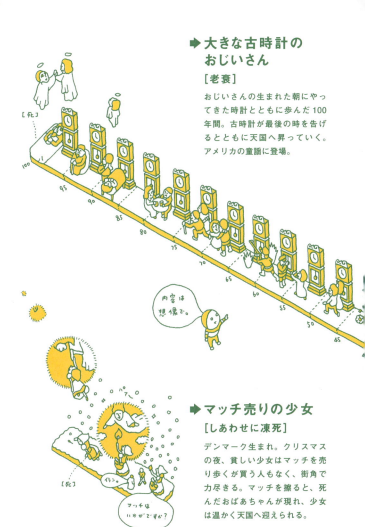

この10年、日本国内で上映された映画の興行収入ランキング20位のなかで、
人が死ぬ物語の比率を調べてみました。

「およそ9割。」

さらに、その5割は、大量に人が死ぬのです。

「人が死なない国では、物語のなかで人が死ぬ。」

この数字を見るかぎり、みんな、人の死が大好きなんだと思いました。
日本で目にする物語のほとんどは、
いわゆる先進国でつくられています。
イランやインドのような国の映画で、
人が大量に死ぬような話は見かけません。
人が死なない国では、現実の死を考える機会がないかわりに、
死にまつわる物語を通して、
死を考えようとしているのかもしれません。

興行収入が発表されていた
2006年から2016年までの歴代ランキングです。

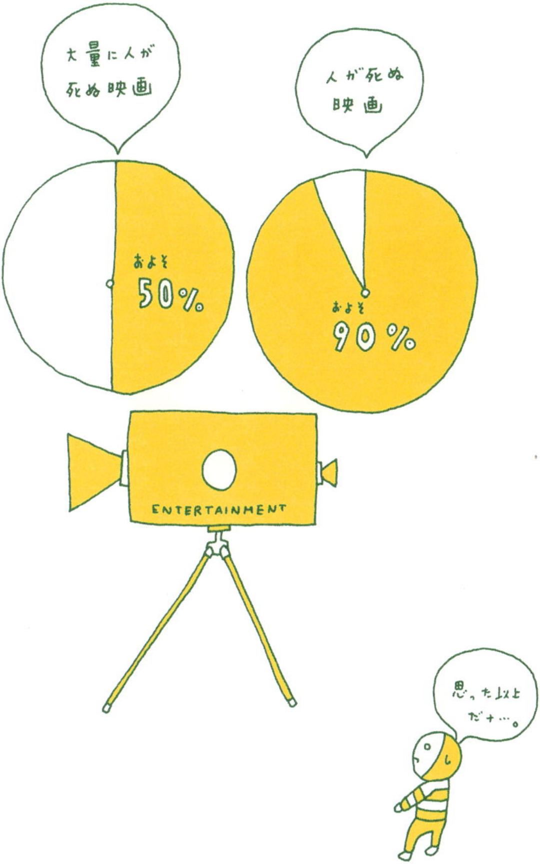
大量に人が死ぬ映画
およそ50%
人が死ぬ映画
およそ90%
ENTERTAINMENT
思った以上だナ…。

深夜、テレビで、
お坊さんが説法していたりすると、つい見てしまいます。

「死は遠いものではありません、すぐとなりにあるのです。」

でも、言われなくても、死はいつも近くにあるのではありませんか。
死のニュースが流れない日はありません。漫画でも、映画でも、
ドラマでも、ゲームでも、どこにでも死があります。
それをお金をだして楽しんだり、肴にして盛りあがったりしている。
死の持つ迫力を借りて、刺激や感動を楽しむための物語もたくさんあります。

「死＝物語ではない。」

すでにある死の物語に自分の死をあてはめても、
楽しいけど空想なんだと思います。
今の自分が死ぬと、どういう物語になるか。
それは別の話かな、という気がします。

今死ねば 伝説かも。
何か、死ぬ前に デカイこと やらなきゃ！
オレの葬式、何人泣いてくれるかな。
オレの人生 地味、カッコワルイ。
もっと完璧な 人生じゃ なきゃイヤ。
一度リセットして やりなおしたい。
死ぬときぐらい 派手にいきたい！
自分の死が、世の中の死の物語と すりかわっているのでは…。

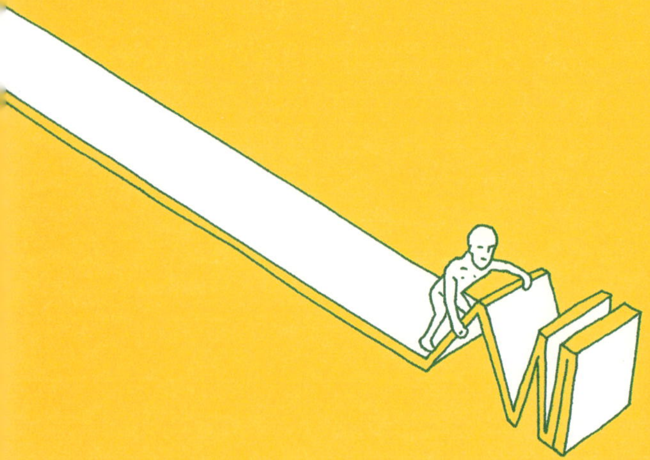

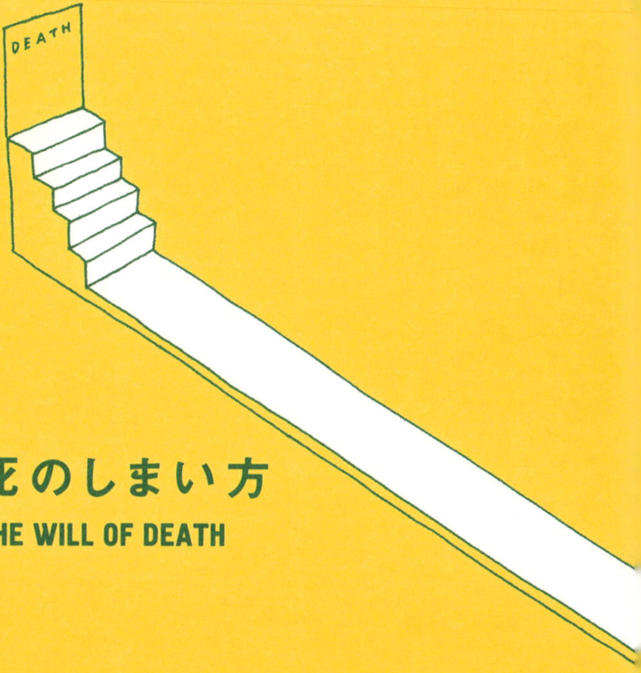

死のしまい方

THE WILL OF DEATH

「明日、地球が爆発するとしたらどうする?」

そんなことを、友達同士で話したことが、
誰でも一度はあるのではないでしょうか。
好きな人と一緒にいつもどおり暮らすという人もいれば、爆発する前に自分で
死ぬという人もいました。

「今の自分と、死ぬ自分は同じ。」

自分が死ぬとわかったからといって、性格が劇的に変わるわけもないし、
突如悟りが開けるわけでもない。
地球の爆発を考えるのと、自分の死を考えることの間には、
たぶん大きな差はないのだろうと思います。
一方で、現実に自分の死を前にしてどうなるかわからない不安もある。

自分の死を前にした人が、どういう態度をとるのか。
ものすごくおおざっぱですが、調べてみました。

死の過程の6つの段階

エリザベス・キューブラー・ロス『死ぬ瞬間―死とその過程について』

死への態度

死ぬということがわかると、人によっていろんな態度をとりはじめるようです。その態度にはいくつかの傾向があることがわかってきています。ここでは、その傾向を絵にしてみました。

近藤裕『「自分の死」にそなえる』、エリザベス・キューブラー・ロス『死ぬ瞬間ー死とその過程について』『死、それは成長の最終段階ー続・死ぬ瞬間』を参考にさせていただきました。

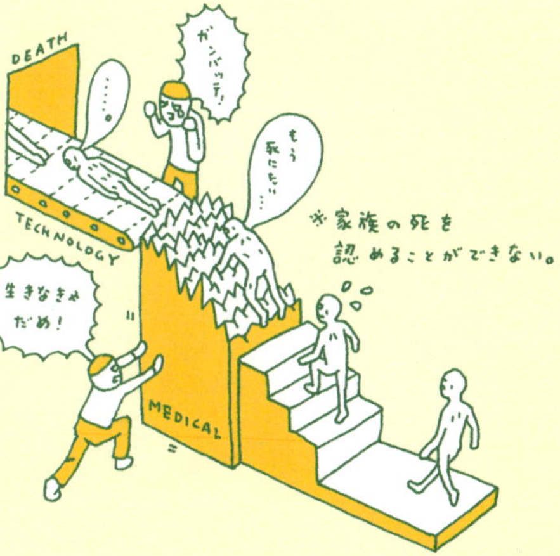

[認めない人]

老いを嫌い、老化防止に精を出したり永遠の命を求めるような人。大切な人の死も認められないので、延命処置にこだわることが多いといいます。

[逃げている人]

そもそも死を考えることがなく、自分は永遠に生きられると思い込んでいる人。仕事や目先の楽しみに夢中で、いざ死を目前にすると大ショックを受けてしまいます。

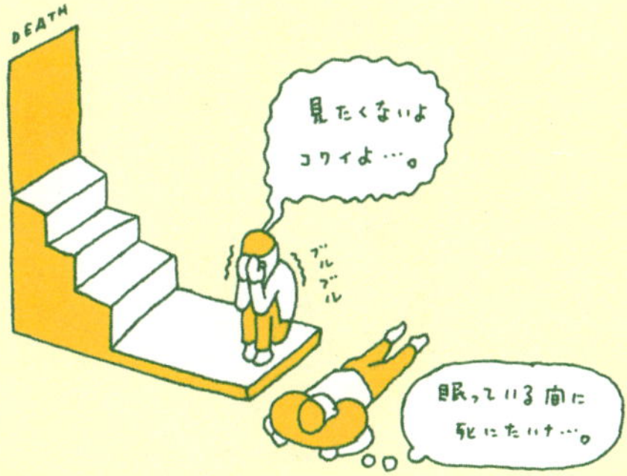

[恐れる人]

死を恐れるのは人として普通のことです。ただ必要以上に恐れすぎて、自分の死を考えなかったり、ポックリ死ぬというような理想を夢見たりするとか。

[解放と考える人]

死を現在の苦しみから解放してくれるものとして考えている人。自殺する人に多いといいます。なかでも自分の罪の意識を解消したくて死ぬ人が多いようです。

［あきらめている人］

消極的に死を受け入れている人。死を、運命や見えない力と考え、死と対面したとき、生きるのをあきらめてしまいやすいといいます。日本人に多いそうです。

[受け入れている人]

死を自分の最後の仕事ととらえて最後まで信念を持って生きるような人。積極的に死を受け入れて、穏やかな最期を迎えられることが多いといいます。

[人のために死ねる人]

非常に稀な人。一番有名なのはキリストです。ナチスの収容所で身代わりをかってでた神父さんのように、とかく伝説となり物語化されることも多いようです。

ふだん、仕事に夢中で家に帰らなかったり、面白いことを見逃さないように
いつも楽しいことや、珍しいものを探したりしています。
それが当たり前で、それこそ充実した生き方だと思っていました。
ところが、そういう生活をしている人は、死への態度から見ると、
バリバリの「死から逃げている人」なのでした。

「死がわからないのではなくて、死から逃げていた。」

死を教わったことがない。見たことがない。死が近くない世の中に住んでいる。
実のところ、そういったことが死がわからない原因だと思っていたのです。
でもほんとうは、単に自分がわかりたくなかっただけなのかもしれません。

「死はそれまでの人生が津波のように襲ってくる。」

死を前に、その人のなかのあらゆることが凝縮するのだといいます。
死と向き合うというのは、結局、自分の生き方と向き合うことのようです。

オマエの人生ってどうよ。
楽しかった?
やり残したことはない?
ギャーッ!!
待って!
ちょっと

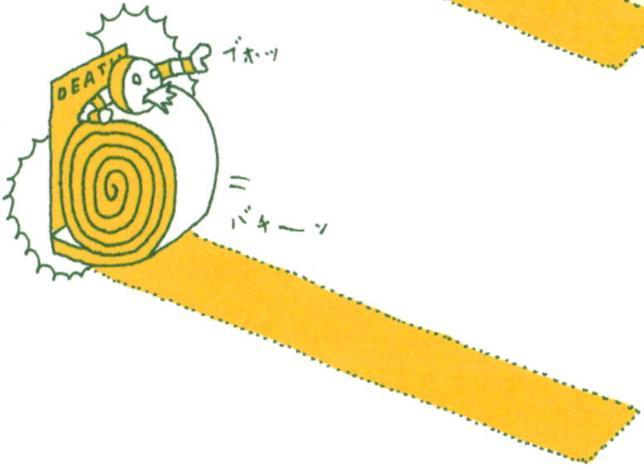
ブホッ
バチーン

今、いきなり自分の人生に襲われたら、押しつぶされて死んでしまいます。
だからといって、何をどうしたらいいのかわかりません。
本や資料を読んでも、そこまでは書いていないのです。

今、できそうなことといえば、今日はカレーがおいしくできたとか、
この成功は、あの失敗があったおかげだなとかいうふうに、
生活のなかのできごとを、かみくだいたり、つなげたりして、
自分なりに折りたたんでおくことかもしれません。

「毎日、ちょっとずつ折りたたんでおく。」

それから、ときおり死のほうから自分をふりかえってみる。
死を前にしても、自分の人生に押しつぶされないように、
できるだけまっすぐ、死に向かって毎日を折りたたむ。
ささやかですが、そうやって考えながら生活することが、
今の僕にできる、死とのつきあい方のように思いました。

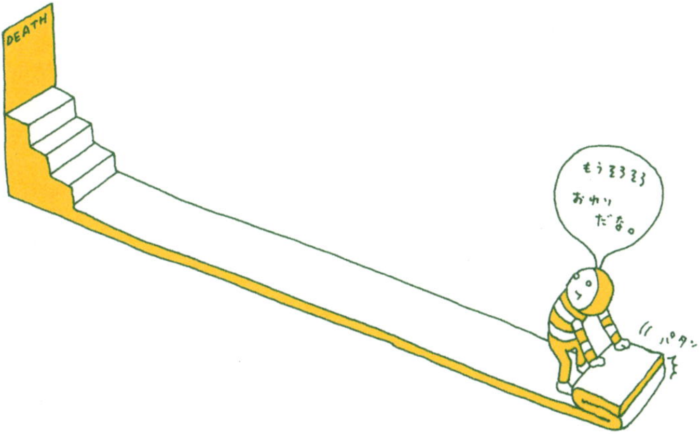
DEATH
もうそろそろおわりだな。
パタン

DEATH
今日のカレーはおいしかったなァ。
ウフフ
ギュッ
ギュッ

アレ! 変な方向へ
行ってる。

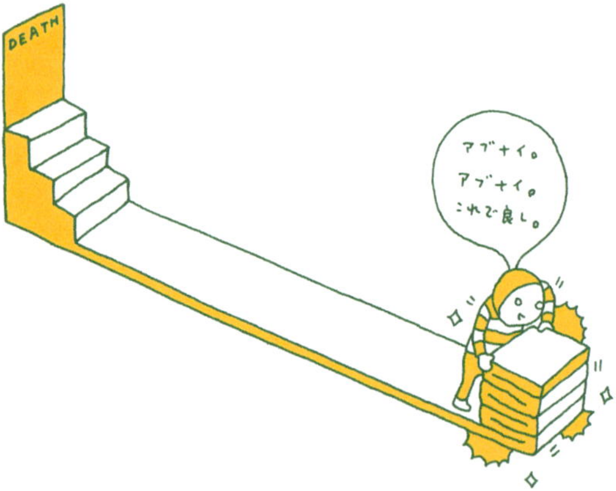
DEATH
アブナイ。
アブナイ。
これで良し。

DEATH
オレの人生って何だろうか。
ウーム
ギュウウウ

DEATH
ちょっと疲れた…

DEATH
アリガトウ!

DEATH
ヌオオッ!!
ギュウウーッ

DEATH
いよいよ
オレの死だ。

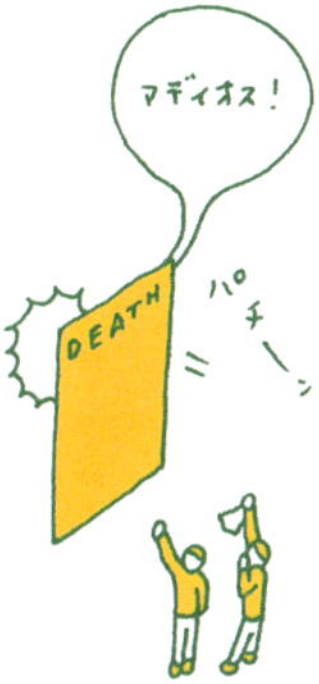
アディオス!
DEATH
パチーン

ヨッシャ!
DEATH
フわ
バチンッ

おしまい。

あとがき

POST SCRIPT

気づけばこの本をつくりはじめてから、2年以上も経っていました。「かもしれない。」「ということらしい。」ばっかりの本に2年。もう少し、しっかりした結論だとか、発見を書けるような気がしていましたが、結局「どうしたらいいかわかりません。」が結論でした。

死に関する多くのすばらしい本に出会いましたが、なかでも、エリザベス・キュブラー・ロス先生の『死ぬ瞬間』にはとても大きな影響を受けました。そのとき僕が疑問に感じていたことは、全部この本に書いてありました。『死にカタログ』は、『死ぬ瞬間』の前書き部分を虫メガネで拡大して絵をつけたといってもいいかもしれません。

死について語る本やテレビ番組は少なくありません。ただ、どれも、みな深刻な顔をしていて、見終わった後には「死は深刻なものなんだ。」という感想だけが残ることがほとんどです。死を楽しもうとは思いませんが、真剣に考えることは、必ずしも深刻な顔をすることではないと思うのです。ふつうの顔をして読める「死の本」をつくりたい。それが僕の望みでした。

死には、自分にわからないことや、たくさんの解釈があります。もともとぼんやりしているものを、無理矢理カタチにしていいのだろうか。そういう後ろめたさがありました。だからなるべく資料を用意して、僕なりの解釈で絵を作ったつもりです。

　僕が死に気おされて深刻になりすぎたり、逆に軽く扱いすぎたりしているとき、そーっと軌道を修正してくださった大和書房の藤沢陽子さん。本当に感謝の言葉もありません。締切が1年半も遅れても、笑顔でいてくれる人はそういないです。

　制作にあたっては、膨大な資料を編集してくれた、編集者であり妹の寄藤牧子に、とても多くの面で助けられました。「いちばん未来の話じゃないか。」という帯のコピーを書いてくださったコピーライターの岡本欣也さん。風邪を引いているのに徹夜でデザインを担当してくれた坂野達也君。本当にありがとうございます。

　最後に、文献を通して多くのことを考えさせてくれた、死の先人の方々に、深く感謝したいと思います。ありがとうございました。

2005年11月　寄藤文平

文庫化によせて

この本をつくって10年以上が経ちます。文庫化にあたってこの本をつくった当時をふりかえってみると、第1章のはじまりで悩んだことが頭に浮かんできます。そのころ資料として読んでいた本のなかに「死には、一人称の死、二人称の死、三人称の死がある。」という話が書かれていて、なるほど確かにそのとおりだと思って、その話を先駆けに第1章をまとめたらどれほどわかりやすいだろうかと想像しました。しかしどういうわけか、この本のなかではそれをしたらいけないような気がして、かといって他のまとめ方も思いつかず、ただ悶々と机に向かっていたのでした。

　この本をつくった3年後に父が他界しました。はじめは父といっしょに自分のなかの父も死んでしまったように思い、しばらくすると自分の行動や考え方のなかに父が息づいていることに気がついて、そのうち父の友人や母と話していてもそのなかに同じ息づかいが感じられるようになりました。そうしてみると、死というものに一人称も二人称も三人称もなく、しかし同時に私のものであり、あの人のものであり、彼や彼女のものであるというような、実に言いようのないものだということが実感されました。そして、自分がなぜ第1章のまとめ方で悩んだのかも理解されたように思いました。

きっと死というものの感じ方には、「動いている感じ方」と「止まった感じ方」があるのでしょう。一人称とか二人称とか、そんなふうに死を切り分けることで、自分のなかで動いている死の感じ方が止まってしまうような、そういう感覚があったような気がします。

あらためて読み返してみると、当時のあっけらかんとした自分の明るさに励まされます。10年経って、あのときよりも死というものについての理解が進んだかのように見えて、その理解もまた「動いている感じ方」のなかのある瞬間でしかないのだと感じ、そのように感じられるようになってみてはじめて、何もわからなかったあのときにこそ、この本をつくってよかったと思います。

読む人それぞれの感じ方があると思うのですが、この本が、その流れる川のなかのひとつの浮島みたいなものとして、プカプカと浮かんでいてほしいと思っています。

２０１６年11月　寄藤文平

死のものがたり

『カルテ拝見 武将の死因』杉浦守邦／東山書房
『カルテ拝見 文人の死因』杉浦守邦／東山書房
『世界の有名人、最期の言葉』レイ・ロビンソン編、畔上司訳／ヴィレッジブックス
『知識人99人の死に方』荒俣宏監修／角川ソフィア文庫
『人間臨終図巻III』山田風太郎／徳間文庫
『人間臨終図巻II』山田風太郎／徳間文庫
『人間臨終図巻I』山田風太郎／徳間文庫
『ブッダの生涯』安田治樹著、大村次郷写真／河出文庫

死のデータ

『学校の管理下の死亡・障害事例と事故防止の留意点』
日本スポーツ振興センター健康安全部／日本スポーツ振興センター
『交通事故死と家庭における不慮の事故死の年次推移・第49巻第16号』
厚生統計協会／厚生統計協会「厚生の指標・臨時増刊」
『交通統計』（平成26年24時間死者の数値を参照）警察庁交通局
『データブック オブ ザ ワールド 2016年版』二宮健二編集／二宮書店
『人口動態統計の国際比較 人口動態統計特殊報告』厚生労働省大臣官房統計情報部／厚生統計協会
『平成26年わが国の人口動態 ―平成26年までの動向』厚生労働省大臣官房統計情報部／厚生統計協会
『平成26年わが国の保険統計』厚生労働省大臣官房統計情報部／厚生統計協会
『平成26年警察白書』警察庁
『平成25年における死亡災害・重大災害発生状況の概要』厚生労働省報道資料
『平成25年度鉄道事故等の発生状況について』鉄道局技術企画課安全対策室
『平成26年における火災の状況』総務省消防庁
『航空事故調査報告書』（平成26年の数値を参照）国土交通省航空局
『平成26年中における山岳遭難の概況』警察庁生活安全局地域課
『平成26年中における水難の概況』警察庁生活安全局地域課
『平成26年人口動態統計』厚生労働省大臣官房統計情報部
『平成26年簡易生命表』厚生労働省大臣官房統計情報部編／厚生統計協会
『平成25年児童福祉施設等が設置する遊具で発生した事故調べ』厚生労働省雇用均等・児童家庭局
『世界保健統計2015』WHO

その他

『安楽死のできる国』三井美奈／新潮新書
『宇宙の起源』チン・ズアン・トゥアン著、佐藤勝彦監修／創元社「知の再発見」双書
『うらやましい死に方』五木寛之編／文藝春秋
『現代の戦争報道』門奈直樹／岩波新書
『殺人率ー日本人は殺人ができない』宮崎学、大谷昭宏／太田出版
『死亡記事を読む』諸岡達一／新潮新書
『メディア・リテラシー』菅谷明子／岩波新書
『臨終から納骨、法要まで お葬式』碑文谷創／小学館
『老化と寿命のしくみ』米井嘉一／日本実業出版社

参考文献・資料

死とは？

『「自分の死」にそなえる』近藤裕／春秋社
『死ぬ瞬間 死とその過程について』E・キューブラー・ロス著、鈴木晶訳／中公文庫
『死、それは成長の最終段階 続 死ぬ瞬間』E・キューブラー・ロス著、鈴木晶訳／中公文庫
『「死ぬ瞬間」と死後の生』E・キューブラー・ロス著、鈴木晶訳／中公文庫
『人生は廻る輪のように』E・キューブラー・ロス著、上野圭一訳／角川文庫
『生きると死ぬ』ブリジット・ラベ ミシェル・ピュエシュ著、高橋啓訳／NHK出版「哲学のおやつ」
『老いと看取りの社会史』新村拓／法政大学出版局
『かぎりなく死に近い生』荒俣宏責任編集／角川書店
『在宅死の時代 近代日本のターミナルケア』新村拓／法政大学出版局
『死因事典 人はどのように死んでいくのか』東嶋和子／講談社「ブルーバックス」
『死と唯物論』河野勝彦／青木書店・シリーズ「現代批判の哲学」
『死にゆく者からの言葉』鈴木秀子／文春文庫
『死ぬ確率』長寿健康研究会／エクスナレッジ
『死の壁』養老孟司／新潮新書
『死を前にした人間』フィリップ・アリエス著、成瀬駒男訳／みすず書房
『われわれはなぜ死ぬのか 死の生命科学』柳澤桂子／草思社

死のカタチ

『アイヌ、神々と生きる人々』藤村久和／福武書店
『古事記の読み方』坂本勝／岩波新書
『古代エジプト人の世界』村治笙子／岩波新書
『三万年の死の教え チベット［死者の書］の世界』中沢新一／角川ソフィア文庫
『地獄』草野巧／新紀元社
『死者の救済史 供養と憑依の宗教学』池上良正／角川選書
『自然の教科書 ネイティブ・アメリカンのものの見方と考え方』
スタン・パディラ編・画、北山耕平訳／マーブルトロン
『死の歴史』ミシェル・ヴォヴェル著、池上俊一監修／創元社「知の再発見」双書
『ジプシーの謎』アンリエット・アセオ著、芝健介監修／創元社「知の再発見」双書
『世界の宗教』村上重良／岩波ジュニア新書
『世界の諸宗教における死後の世界』本山博、湯浅泰雄／宗教心理出版
『世界の葬式』松涛弘道／新潮選書
『他界観念の原始形態』棚瀬襄爾／京都大学東南アジア研究センター
『鳥葬の国—秘境ヒマラヤ探検記』川喜田二郎／講談社学術文庫
『日本人の「あの世」観』梅原猛／中公文庫
『バロマートロブリアント諸島の呪術と死霊信仰』マリノウスキー著、高橋渉訳／未来社
『仏教・キリスト教 死に方・生き方』玄侑宗久、鈴木秀子／講談社「+α新書」
『北欧神話の世界』アクセル・オルリック／青土社

寄藤文平（よりふじ・ぶんぺい）
1973年長野県生まれ。1998年ヨリフジデザイン事務所、2000年有限会社文平銀座設立。広告やプロジェクトのアートディレクションとブックデザインを中心に活動。
著書に『数字のモノサシ』（大和書房）、『元素生活』（化学同人）、『ラクガキ・マスター』『ミルク世紀』『絵と言葉の一研究』（美術出版社）、共著書に『ウンココロ』（実業之日本社）、『地震イツモノート』（木楽舎）などがある。

本書は2005年12月に小社より刊行された作品に加筆・訂正し、再構成したものです。

だいわ文庫

死《し》にカタログ

著者　寄藤《よりふじ》文平《ぶんぺい》

二〇一六年一二月一五日第一刷発行

発行者　佐藤 靖
発行所　大和《だいわ》書房
東京都文京区関口一-三三-四 〒一一二-〇〇一四
電話 〇三-三二〇三-四五一一

フォーマットデザイン　鈴木成一デザイン室
本文デザイン　寄藤文平・坂野達也／若井夏澄（文庫）
編集協力　梶谷牧子
印刷　歩プロセス
製本　ナショナル製本

ISBN978-4-479-30627-6
乱丁本・落丁本はお取り替えいたします。
http://www.daiwashobo.co.jp